LA DOUBLE INCONSTANCE.

COMEDIE
en trois Actes.

Representée pour la premiere fois par les Comediens Italiens du Roi le Mardi 6. Avril 1723.

A PARIS,
Chez FRANÇOIS FLAHAULT, Quai des Augustins, au coin de la rue Pavée, au Roi de Portugal.

M. DCC. XXIV.
Avec Approbation, & Privilege du Roi.

A MADAME LA MARQUISE DE PRIE.

ADAME,

On ne verra point ici ce tas d'éloges dont les Epîtres dedicatoires sont ordinairement chargées ; à quoi servent-ils ? Le peu de cas que le public en fait devroit en corriger ceux qui les donnent, & en dégoûter ceux qui les reçoivent. Je serois pourtant bien tenté de vous louer d'une chose, MADAME ; & c'est d'avoir veritablement craint que je ne vous louasse : mais ce seul éloge que je vous donnerois, il est si distingué, qu'il auroit ici tout l'air d'un present de flateur, sur tout s'adressant à une Dame de votre âge, à qui la nature n'a rien épargné de tout ce qui peut inviter l'amour propre à n'être point modeste. J'en reviens donc, MADAME, au seul motif que j'ai en vous offrant ce petit ouvrage ; c'est de vous remercier du plaisir que vous y avez pris, ou plutôt de la vanité que vous m'avez donnée, quand vous m'avez dit qu'il vous avoit plû. Vous dirai-je tout ? Je ſuis charmé d'apprendre à toutes les perſonnes de goût qu'il a votre ſuffrage ; en vous diſant cela je vous proteſte que je n'ai nul deſſein de louer votre eſprit ; c'eſt ſeulement vous avouer que je penſe aux interêts du mien. Je ſuis avec un profond reſpect,

MADAME,

Votre trés-humble & trés-obéïſſant Serviteur,
D. M.

ACTEURS.

LE PRINCE.

UN SEIGNEUR.

FLAMINIA.

LISETTE.

SYLVIA.

ARLEQUIN.

TRIVELIN.

DES LAQUAIS.

DES FILLES DE CHAMBRE.

La Scene est dans le Palais du Prince.

LA DOUBLE

LA DOUBLE INCONSTANCE.

COMEDIE.

ACTE PREMIER.

SCENE I.

SYLVIA, TRIVELIN, & *quelques femmes à la suite de Sylvia.*

SYLVIA *paroît sortir comme fâchée.*

TRIVELIN.

MAis, Madame, écoutez-moi.

SYLVIA.

Vous m'ennuyez.

TRIVELIN.

Ne faut-il pas être raisonnable ?

SYLVIA *impatiente.*

Non, il ne faut pas l'être, & je ne le ſerai point.

TRIVELIN.

Cependant...

SYLVIA *avec colere.*

Cependant, je ne veux point avoir de raiſon ; & quand vous recommenceriez cinquante fois votre cependant, je n'en veux point avoir, que ferez-vous là ?

TRIVELIN.

Vous avez ſoupé hier ſi legerement, que vous ſerez malade, ſi vous ne prenez rien ce matin.

SYLVIA.

Et moi je hais la ſanté & je ſuis bien aiſe d'être malade ; ainſi vous n'avez qu'à renvoyer tout ce qu'on m'apporte, car je ne veux aujourd'hui ni déjeuner, ni dîner, ni ſouper, demain la même choſe ; je ne veux qu'être fâchée, vous haïr tous tant que vous êtes, juſqu'à tant que j'aye vû Arlequin dont on m'a ſeparée : voila mes petites reſolutions, & ſi vous voulez que je devienne folle, vous n'avez qu'à me prêcher d'être plus raiſonnable, cela ſera bientôt fait.

TRIVELIN.

Ma foy je ne m'y jouerai pas, je vois bien que vous me tiendriez parole ; ſi j'oſois cependant...

SYLVIA *plus en colere.*

Eh bien ne voila-t-il pas encore un cependant ?

TRIVELIN.

En verité, je vous demande pardon, celui-là m'est échapé, mais je n'en dirai plus, je me corrigerai ; je vous prierai seulement de considerer...

SYLVIA.

Oh vous ne vous corrigez pas, voila des considerations qui ne me conviennent point non plus.

TRIVELIN *continuant.*

Que c'est votre Souverain qui vous aime.

SYLVIA.

Je ne l'en empêche pas, il est le maître : mais faut-il que je l'aime moi ? Non, & il ne le faut pas, parce que je ne le puis pas, cela va tout seul, un enfant le verroit, & vous ne le voyez pas.

TRIVELIN.

Songez que c'est sur vous qu'il fait tomber le choix qu'il doit faire d'une épouse entre ses sujetes.

SYLVIA.

Qui est-ce qui lui a dit de me choisir ? m'a-t-il demandé mon avis? S'il m'avoit dit: Me voulez-vous, Sylvia ? Je lui aurois répondu : Non, Seigneur, il faut qu'une honnête femme aime son mari, & je ne pourrois pas vous aimer. Voila la pure raison cela : mais point du tout, il m'aime, crac, il m'enleve, sans me demander si je le trouverai bon.

TRIVELIN.

Il ne vous enleve que pour vous donner la main.

SYLVIA.

Eh que veut-il que je fasse de cette main, si je n'ai pas envie d'avancer la mienne pour la prendre ? force-t-on les gens à recevoir des presens malgré eux ?

TRIVELIN.

Voyez depuis deux jours que vous êtes ici comment il vous traite ; n'êtes-vous pas déja servie comme si vous étiez sa femme ? Voyez les honneurs qu'il vous fait rendre, le nombre de femmes qui sont à votre suite, les amusemens qu'on tâche de vous procurer par ses ordres. Qu'est-ce qu'Arlequin au prix d'un Prince plein d'égards, qui ne veut pas même se montrer qu'on ne vous ait disposée à le voir ? d'un Prince jeune, aimable & rempli d'amour, car vous le trouverez tel. Eh, Madame, ouvrez les yeux, voyez votre fortune, & profitez de ses faveurs.

SYLVIA.

Dites-moi, vous & toutes celles qui me parlent, vous a-t-on mis avec moi, vous a-t-on payez pour m'impatienter, pour me tenir des discours qui n'ont pas le sens commun, qui me font pitié ?

TRIVELIN.

Oh parbleu je n'en sçai pas davantage, voila tout l'esprit que j'ai.

SYLVIA.

Sur ce pied-là vous seriez tout aussi avancé de n'en point avoir du tout.

TRIVELIN.

Mais encore daignez, s'il vous plaît, me dire en quoi je me trompe.

SYLVIA, *en se tournant vivement de son côté.*

Oui, je vais vous dire en quoi, oui...

TRIVELIN.

Eh doucement, Madame, mon dessein n'est pas de vous fâcher.

SYLVIA.

Vous êtes donc bien mal-adroit.

TRIVELIN.

Je suis votre serviteur.

SYLVIA.

Eh bien mon serviteur, qui me vantez tant les honneurs que j'ai ici ; qu'ai-je affaire de ces quatre ou cinq faineantes qui m'espionnent toujours ? On m'ôte mon amant & on me rend des femmes à la place ; ne voila-t-il pas un beau dédommagement ? & on veut que je sois heureuse avec cela. Que m'importe toute cette musique, ces concerts & cette danse dont on croit me regaler ? Arlequin chantoit mieux que tout cela, & j'aime mieux danser moy-même que de voir danser les autres, entendez-vous ? Une Bourgeoise contente dans un petit village vaut mieux qu'une Princesse qui pleure dans un bel appartement. Si le Prince est si tendre, ce n'est pas ma faute, je n'ai pas été le chercher ; pourquoi m'a-t-il vûe ? S'il est jeune & aimable, tant mieux pour lui, j'en suis bien aise, qu'il garde tout cela pour ses pareils, & qu'il me laisse mon pauvre Arlequin, qui n'est pas plus gros Monsieur que je suis grosse Dame, pas plus riche que moi, pas plus glorieux que moi, pas mieux logé, qui m'aime sans façon, que j'aime de même, & que je mourrai de chagrin de ne pas voir. Helas, le pauvre enfant ! qu'en aura-t-on fait ? qu'est il devenu ? Il se desespere quelque part, j'en suis sûre, car il a le cœur si bon, peut-être aussi qu'on le maltraite.

Elle se dérange de sa place.

Je suis outrée ; tenez, voulez-vous me faire un plaisir ? Otez-vous de là, je ne puis vous souffrir, laissez-moi m'affliger en repos.

TRIVELIN.

Le compliment est court, mais il est net ; tranquilisez-vous pourtant, Madame.

SYLVIA.

Sortez ſans me répondre, cela vaudra mieux.

TRIVELIN.

Encore une fois, calmez-vous, vous voulez Arlequin, il viendra inceſſamment, on eſt allé le chercher.

SYLVIA, *avec un ſoûpir.*

Je le verrai donc ?

TRIVELIN.

Et vous lui parlerez auſſi.

SYLVIA *s'en allant.*

Je vais l'attendre : mais ſi vous me trompez, je ne veux plus ni voir, ni entendre perſonne.

Pendant qu'elle ſort, le Prince & Flaminia entrent d'un autre côté, & la regardent ſortir.

SCENE II.

LE PRINCE, FLAMINIA, TRIVELIN.

LE PRINCE *à Trivelin.*

EH bien as-tu quelque eſperance à me donner ? que dit-elle ?

TRIVELIN.

Ce qu'elle dit, Seigneur, ma foi ce n'eſt pas la peine de le repeter, il n'y a rien encore qui merite votre curiosité.

LE PRINCE.

N'importe, dis toujours.

TRIVELIN.

Eh non, Seigneur, ce sont de petites bagatelles dont le recit vous ennuyeroit : tendresse pour Arlequin, impatience de le rejoindre, nulle envie de vous connoître, desir violent de ne vous point voir, & force haine pour nous; voila l'abregé de ses dispositions, vous voyez bien que cela n'est point réjouissant; & franchement, si j'osois dire ma pensée, le meilleur seroit de la remettre où on l'a prise.

Le Prince rêve tristement.

FLAMINIA.

J'ai déja dit la même chose au Prince, mais cela est inutile; ainsi continuons, & ne songeons qu'à détruire l'amour de Sylvia pour Arlequin.

TRIVELIN.

Mon sentiment à moi est qu'il y a quelque chose d'extraordinaire dans cette fille-là; refuser ce qu'elle refuse, cela n'est point naturel, ce n'est point là une femme, voyez-vous, c'est quelque creature d'une espece à nous inconnue; avec une femme nous irions notre train, celle-ci nous arrête, cela nous avertit d'un prodige, n'allons pas plus loin.

LE PRINCE.

Et c'est ce prodige qui augmente encore

l'amour que j'ai conçû pour elle.

FLAMINIA *en riant.*

Eh, Seigneur, ne l'écoutez pas avec son prodige, cela est bon dans un conte de Fée, je connois mon sexe, il n'a rien de prodigieux que sa coqueterie ; du côté de l'ambition Sylvia n'est point en prise, mais elle a un cœur, & par consequent de la vanité, avec cela, je sçaurai bien la ranger à son devoir de femme. Est-on allé chercher Arlequin ?

TRIVELIN.

Oui, je l'attends.

LE PRINCE *d'un air inquiet.*

Je vous avoue, Flaminia, que nous risquons beaucoup à lui montrer son amant, sa tendresse pour lui n'en deviendra que plus forte.

TRIVELIN.

Oui ; mais si elle ne le voit, l'esprit lui tournera, j'en ai sa parole.

FLAMINIA.

Seigneur, je vous ai déja dit qu'Arlequin nous étoit necessaire.

LE PRINCE.

Oui, qu'on l'arrête autant qu'on pourra, vous pouvez lui promettre que je le comblerai de biens & de faveurs, s'il veut en épouser une autre que sa maîtresse.

TRIVELIN.

Il n'y a qu'à réduire ce drôle-là, s'il ne veut pas.

LE PRINCE.

Non, la loi qui veut que j'épouſe une de mes ſujetes, me défend d'uſer de violence contre qui que ce ſoit.

FLAMINIA.

Vous avez raiſon, ſoyez tranquile, j'eſpere que tout ſe fera à l'amiable ; Sylvia vous connoît déja, ſans ſçavoir que vous êtes le Prince, n'eſt-il pas vrai ?

LE PRINCE.

Je vous ai dit qu'un jour à la chaſſe, écarté de ma troupe, je la rencontrai prés de ſa maiſon ; j'avois ſoif, elle alla me chercher à boire : je fus enchanté de ſa beauté & de ſa ſimplicité, & je lui en fis l'aveu. Je l'ai vûe cinq ou ſix fois de la même maniere, comme ſimple Officier du Palais : mais quoi qu'elle m'ait traité avec beaucoup de douceur, je n'ai jamais pû la faire renoncer à Arlequin, qui m'a ſurpris deux fois avec elle.

FLAMINIA.

Il faudra mettre à profit l'ignorance où elle eſt de votre rang ; on l'a déja prévenue que vous ne la verriez pas ſitôt, je me charge du reſte, pourvû que vous vouliez bien agir comme je voudrai.

LE PRINCE *en s'en allant.*

J'y conſens. Si vous m'acquerez le cœur de Sylvia, il n'eſt rien que vous ne deviez attendre de ma reconnoiſſance.

FLAMINIA.

Toi, Trivelin, va-t-en dire à ma sœur qu'elle tarde trop à venir.

TRIVELIN.

Il n'est pas besoin, la voila qui entre : adieu, je vais au-devant d'Arlequin.

SCENE III.

LISETTE, FLAMINIA.

LISETTE.

JE viens recevoir tes ordres, que me veux-tu ?

FLAMINIA.

Approche un peu que je te regarde.

LISETTE.

Tiens, vois à ton aise.

FLAMINIA *aprés l'avoir regardée.*

Ouida, tu es jolie aujourd'hui.

LISETTE *en riant.*

Je le sçai bien : mais qu'est-ce que cela te fait ?

FLAMINIA.

Ote cette mouche galante que tu as là.

LISETTE *refusant.*

Je ne sçaurois, mon miroir me l'a recommandée.

FLAMINIA.

Il le faut, te dis-je.

LISETTE, *en tirant sa boëte à miroir, & ôtant la mouche.*

Quel meurtre ! Pourquoy persecutes-tu ma mouche ?

FLAMINIA.

J'ai mes raisons pour cela. Or ça, Lisette, tu es grande & bien faite.

LISETTE.

C'est le sentiment de bien des gens.

FLAMINIA.

Tu aimes à plaire.

LISETTE.

C'est mon foible.

FLAMINIA.

Sçaurois-tu avec une adresse naïve & modeste inspirer un tendre penchant à quelqu'un, en lui témoignant d'en avoir pour lui, & le tout pour une bonne fin ?

LISETTE.

Mais j'en reviens à ma mouche, elle me paroît necessaire à l'expedition que tu me proposes.

FLAMINIA.

N'oublieras-tu jamais ta mouche ? Non, elle n'est pas necessaire, il s'agit ici d'un homme simple, d'un villageois sans experience, qui s'imagine que nous autres femmes d'ici sommes obligées d'être aussi modeſtes que les femmes de ſon village ; oh la modeſtie de ces femmes-là n'eſt pas faite comme la nôtre, nous avons des diſpenſes qui le ſcandaliſeroient ; ainſi ne regrete plus tes mouches, & mets-en la valeur dans tes manieres, c'eſt de ces manieres dont je te parle ; je te demande ſi tu ſçauras les avoir comme il faut, voyons, que lui diras-tu ?

LISETTE.

Mais je lui dirai... Que lui dirois-tu, toy ?

FLAMINIA.

Ecoutes-moy : point d'air coquet d'abord. Par exemple, on voit dans ta petite contenance un deſſein de plaire, oh il faut en effacer cela, tu mets je ne ſçai quoy d'étourdi & de vif dans ton geſte, quelquefois c'eſt du non-chalant, du tendre, du mignard, tes yeux veulent être fripons, veulent attendrir, veulent fraper, font mille ſingeries, ta tête eſt legere, ton menton porte au vent, tu cours aprés un air jeune, galant & diſſipé ; parles-tu aux gens, leur réponds-tu, tu prends de certains tons, tu te ſers d'un certain langage, & le tout finement relevé de ſaillies folles : oh toutes ces petites impertinences-là ſont trés-jolies dans une fille du monde, il eſt decidé que ce ſont des graces, le cœur des hommes s'eſt tourné comme cela, voila qui eſt fini : mais ici il faut, s'il te plaît, faire main-baſſe ſur tous ces agrémens-là, le petit homme en queſtion ne les approuveroit point, il n'a pas le goût si fort lui : tiens ; c'est tout comme un homme qui n'auroit jamais bû que de belle eau bien claire, le vin ou l'eau-de-vie ne lui plaroient pas.

LISETTE *étonnée.*

Mais de la façon dont tu arranges mes agrémens, je ne les trouve pas si jolis que tu dis.

FLAMINIA *d'un air naïf.*

Bon, c'est que je les examine moi, voila pourquoi ils deviennent ridicules : mais tu es en sûreté de la part des hommes.

LISETTE.

Que mettrai-je donc à la place de ces impertinences que j'ai ?

FLAMINIA.

Rien, tu laisseras aller tes regards comme ils iroient si ta coqueterie les laissoit en repos, ta tête comme elle se tiendroit, si tu ne songeois pas à lui donner des airs évaporez, & ta contenance tout comme elle est quand personne ne te regarde. Pour essayer, donne-moi quelque échantillon de ton sçavoir-faire, regarde moi d'un air ingenu ?

LISETTE *se tournant.*

Tiens, ce regard-là est-il bon ?

FLAMINIA.

Hum, il a encore besoin de quelque correction.

LISETTE.

Oh dame, veux-tu que je te dise ? tu n'es

qu'une femme, est-ce que cela anime ? Laissons cela, car tu m'emporterois la fleur de mon rôle ; c'est pour Arlequin, n'est-ce pas ?

FLAMINIA.

Pour lui-même.

LISETTE.

Mais le pauvre garçon, si je ne l'aime pas, je le tromperai ; je suis fille d'honneur, & je m'en fais un scrupule.

FLAMINIA.

S'il vient à t'aimer, tu l'épouseras, & cela te fera ta fortune ; as-tu encore des scrupules ? Tu n'es, non plus que moi, que la fille d'un domestique du Prince, & tu deviendras grande Dame.

LISETTE.

Oh voila ma conscience en repos, & en ce cas-là, si je l'épouse, il n'est pas necessaire que je l'aime. Adieu, tu n'as qu'à m'avertir quand il sera temps de commencer.

FLAMINIA.

Je me retire aussi, car voila Arlequin qu'on amene.

SCENE IV.

ARLEQUIN, TRIVELIN.

Arlequin regarde Trivelin, & tout l'appartement avec étonnement.

TRIVELIN.

EH bien, Seigneur Arlequin, comment vous trouvez-vous ici ?

Arlequin ne dit mot.

TRIVELIN.

N'est-il pas vrai que voila une belle maison ?

ARLEQUIN.

Que diantre, qu'est-ce que cette maison-là & moy avons affaire ensemble ? Qu'est-ce que c'est que vous ? que me voulez-vous ? où allons-nous ?

TRIVELIN.

Je suis un honnête homme, à present votre domestique ; je ne veux que vous servir, & nous n'allons pas plus loin.

ARLEQUIN.

Honnête homme ou fripon, je n'ai que faire de vous, je vous donne votre congé, & je m'en retourne.

TRIVELIN *l'arrêtant.*

Doucement.

ARLE-

ARLEQUIN.

Parlez donc he, vous êtes bien impertinent d'arrêter vôtre maître ?

TRIVELIN.

C'est un plus grand maître que vous qui vous a fait le mien.

ARLEQUIN.

Qui est donc cet original-là, qui me donne des valets malgré moy ?

TRIVELIN.

Quand vous le connoîtrez, vous parlerez autrement. Expliquons-nous à present.

ARLEQUIN.

Est-ce que nous avons quelque chose à nous dire ?

TRIVELIN.

Oui, sur Sylvia.

ARLEQUIN *charmé, & vivement.*

Ah Sylvia ! helas je vous demande pardon, voyez ce que c'est, je ne sçavois pas que j'avois à vous parler.

TRIVELIN.

Vous l'avez perdue depuis deux jours.

ARLEQUIN.

Oui, des voleurs me l'ont dérobée.

TRIVELIN.

Ce ne sont pas des voleurs.

ARLEQUIN.

Enfin si ce ne sont pas des voleurs, ce sont toujours des fripons.

TRIVELIN.

Je sçai où elle est.

ARLEQUIN *charmé & le caressant.*

Vous sçavez où elle est, mon ami, mon valet, mon maître, mon tout ce qu'il vous plaira ? Que je suis fâché de n'être pas riche, je vous donnerois tous mes revenus pour gages ; dites, l'honnête homme, de quel côté faut il tourner ? est-ce à droit, à gauche, ou tout devant moi ?

TRIVELIN.

Vous la verrez ici.

ARLEQUIN *charmé & d'un air doux.*

Mais quand j'y songe, il faut que vous soyez bien bon, bien obligeant pour m'amener ici comme vous faites. O Sylvia, chere enfant de mon ame, ma mie ! je pleure de joie.

TRIVELIN *à part les premiers mots.*

De la façon dont ce drôle-là prelude, il ne nous promet rien de bon ; écoutez, j'ai bien autre chose à vous dire.

ARLEQUIN *le pressant.*

Allons d'abord voir Sylvia, prenez pitié de mon impatience.

TRIVELIN.

Je vous dis que vous la verrez : mais il faut que je vous entretienne auparavant.

Vous ſouvenez-vous d'un certain cavalier, qui a rendu cinq ou ſix viſites à Sylvia, & que vous avez vû avec elle ?

ARLEQUIN *triſte.*

Oui, il avoit la mine d'un hypocrite.

TRIVELIN.

Cet homme-là a trouvé votre maitreſſe fort aimable.

ARLEQUIN.

Pardi, il n'a rien trouvé de nouveau.

TRIVELIN.

Et il en a fait au Prince un recit qui l'a enchanté.

ARLEQUIN.

Le babillard !

TRIVELIN.

Le Prince a voulu la voir, & a donné ordre qu'on l'amenât ici.

ARLEQUIN.

Mais il me la rendra, comme cela eſt juſte.

TRIVELIN.

Hum, il y a une petite difficulté : il en eſt devenu amoureux, & ſouhaiteroit d'en être aimé à ſon tour.

ARLEQUIN.

Son tour ne peut pas venir, c'eſt moi qu'elle aime.

TRIVELIN.

Vous n'allez point au fait, écoutez juſqu'au bout.

ARLEQUIN *haussant le ton.*

Mais le voila le bout, est-ce qu'on veut me chicaner mon bon droit ?

TRIVELIN.

Vous sçavez que le Prince doit se choisir une femme dans ses Etats.

ARLEQUIN *brusquement.*

Je ne sçai point cela, cela m'est inutile.

TRIVELIN.

Je vous l'apprens.

ARLEQUIN *brusquement.*

Je ne me soucie pas de nouvelles.

TRIVELIN.

Sylvia plaît donc au Prince, & il voudroit lui plaire avant que de l'épouser ; l'amour qu'elle a pour vous fait obstacle à celui qu'il tâche de lui donner pour lui.

ARLEQUIN.

Qu'il fasse donc l'amour ailleurs ; car il n'auroit que la femme, moy j'aurois le cœur, il nous manqueroit quelque chose à l'un & à l'autre, & nous serions tous trois mal à notre aise.

TRIVELIN.

Vous avez raison : mais ne voyez-vous vous pas que si vous épousez Sylvia, le Prince resteroit malheureux ?

ARLEQUIN, *aprés avoir rêvé.*

A la verité il sera d'abord un peu triste : mais il aura fait le devoir d'un brave homme, & cela console ; au lieu que s'il l'épouse, il fera pleurer ce pauvre enfant, je pleurerai aussi moi, il n'y aura que lui qui rira, & il n'y a pas de plaisir à rire tout seul.

TRIVELIN.

Seigneur Arlequin, croyez-moy, faites quelque chose pour votre maître ; il ne peut se resoudre à quitter Sylvia, je vous dirai même qu'on lui a prédit l'avanture qui la lui a fait connoître, & qu'elle doit être sa femme ; il faut que cela arrive, cela est écrit là-haut.

ARLEQUIN.

Là-haut on n'écrit pas de telles impertinences : pour marque de cela, si on avoit prédit que je dois vous assommer, vous tuer par derriere, trouveriez-vous bon que j'accomplisse la prédiction ?

TRIVELIN.

Non vraiment, il ne faut jamais faire de mal à personne.

ARLEQUIN.

Eh bien, c'est ma mort qu'on a prédite ; ainsi c'est prédire rien qui vaille, & dans tout cela il n'y a que l'astrologue à pendre.

TRIVELIN.

Eh morbleu on ne pretend pas vous faire du mal ; nous avons ici d'aimables filles, épousez-en une, vous y trouverez votre avantage.

ARLEQUIN.

Ouidà, que je me marie à une autre, afin de mettre Sylvia en colere & qu'elle porte ſon amitié ailleurs. Oh oh, mon mignon, combien vous a-t-on donné pour m'attraper ? Allez, mon fils, vous n'êtes qu'un butord, gardez vos filles, nous ne nous accommoderons pas, vous êtes trop cher.

TRIVELIN.

Sçavez-vous bien que le mariage que je vous propoſe vous acquerera l'amitié du Prince ?

ARLEQUIN.

Bon, mon ami ne ſeroit pas ſeulement mon camarade.

TRIVELIN.

Mais les richeſſes que vous promet cette amitié ?

ARLEQUIN.

On n'a que faire de toutes ces babioles-là, quand on ſe porte bien, qu'on a bon appetit & de quoy vivre.

TRIVELIN.

Vous ignorez le prix de ce que vous refuſez.

ARLEQUIN *d'un air negligent.*

C'eſt à cauſe de cela que je n'y perds rien.

TRIVELIN.

Maiſon à la ville, maiſon à la campagne.

ARLEQUIN.

Ah que cela eſt beau ! il n'y a qu'une choſe qui m'embaraſſe ; qui eſt-ce qui habitera ma maiſon de ville, quand je ſerai à ma maiſon de campagne ?

TRIVELIN.

Parbleu vos valets.

ARLEQUIN.

Mes valets ! qu'ai-je beſoin de faire fortune pour ces canailles là ? je ne pourrai donc pas les habiter toutes à la fois ?

TRIVELIN *riant.*

Non, que je penſe, vous ne ſerez pas en deux endroits en même temps.

ARLEQUIN.

Eh bien, innocent que vous êtes, ſi je n'ai pas ce ſecret-là, il eſt inutile d'avoir deux maiſons.

TRIVELIN.

Quand il vous plaira vous irez de l'une à l'autre.

ARLEQUIN.

A ce compte je donnerai donc ma maîtreſſe pour avoir le plaiſir de déménager ſouvent ?

TRIVELIN.

Mais rien ne vous touche, vous êtes bien étrange ; cependant tout le monde eſt charmé d'avoir de grands appartemens, nombre de domeſtiques.

ARLEQUIN.

Il ne me faut qu'une chambre, je n'aime point à nourrir des faineans, & je ne trouverai point de valet plus fidele, plus affectionné à mon service que moy.

TRIVELIN.

Je conviens que vous ne serez point en danger de mettre ce domestique-là dehors : mais ne seriez-vous pas sensible au plaisir d'avoir un bon équipage, un bon carosse, sans parler de l'agrément d'être meublé superbement ?

ARLEQUIN.

Vous êtes un grand nigaud, mon ami, de faire entrer Sylvia en comparaison avec des meubles, un carosse & des chevaux qui le traînent, dites-moi, fait-on autre chose dans sa maison que s'asseoir, prendre ses repas, & se coucher ? Eh bien, avec un bon lit, une bonne table, une douzaine de chaises de paille, ne suis-je pas bien meublé, n'ai-je pas toutes mes commoditez ? Oh mais je n'ai pas de carosse, eh bien je *En montrant ses jambes.* ne verserai point. Ne voila-t-il pas un équipage que ma mere m'a donné ? n'est-ce pas là de bonnes jambes ? Eh morbleu il n'y a pas de raison à vous d'avoir une autre voiture que la mienne. Alerte, alerte, paresseux, laissez vos chevaux à tant d'honnêtes laboureurs qui n'en ont point, cela nous sera du pain ; vous marcherez, & vous n'aurez pas les goutes.

TRIVELIN.

Têtubleu vous êtes vif, si l'on vous en croyoit, on ne pourroit fournir les hommes de souliers.

ARLEQUIN *brusquement.*

Ils porteroient des sabots. Mais je commence à m'ennuyer de tous vos comptes, vous m'avez promis de me montrer Sylvia, & un honnête homme n'a que sa parole.

TRIVELIN.

Un moment ; vous ne vous souciez ni d'honneurs, ni de richesses, ni de belles maisons, ni de magnificence, ni de credit, ni d'équipages.

ARLEQUIN.

Il n'y a pas là pour un sol de bonne marchandise.

TRIVELIN.

La bonne chere vous tenteroit-elle ? une cave remplie de vin exquis vous plairoit-elle ? seriez-vous bien aise d'avoir un cuisinier qui vous apprêtât delicatement à manger, & en abondance ? Imaginez-vous ce qu'il y a de meilleur, de plus friand en viande & en poisson, vous l'aurez, & pour toute votre vie.

Arlequin est quelque temps à répondre.

TRIVELIN.

Vous ne répondez rien.

ARLEQUIN.

Ce que vous dites là seroit plus de mon goût que tout le reste ; car je suis gourmand, je l'avoue : mais j'ai encore plus d'amour que de gourmandise.

TRIVELIN.

Allons, Seigneur Arlequin, faites-vous un sort heureux ; il ne s'agira seulement que de quitter une fille pour en prendre une autre.

ARLEQUIN.

Non, non, je m'en tiens au bœuf, & au vin de mon cru.

TRIVELIN.

Que vous auriez bû de bon vin, que vous auriez mangé de bons morceaux.

ARLEQUIN.

J'en suis fâché, mais il n'y a rien à faire ; le cœur de Sylvia est un morceau encore plus friand que tout cela : voulezvous me la montrer, ou ne le voulez-vous pas ?

TRIVELIN.

Vous l'entretiendrez, soyez-en sûr, mais il est encore un peu matin.

SCENE V.

LISETTE, ARLEQUIN, TRIVELIN.

LISETTE *à Trivelin.*

JE vous cherche partout, Monſieur Trivelin, le Prince vous demande.

TRIVELIN.

Le Prince me demande, j'y cours : mais tenez donc compagnie au Seigneur Arlequin pendant mon abſence.

ARLEQUIN.

Oh ce n'eſt pas la peine, quand je ſuis ſeul moy, je me fais compagnie.

TRIVELIN

Non, non, vous pourriez vous ennuyer ; adieu, je vous rejoindrai bientôt.

Trivelin ſort.

ARLEQUIN *ſe retirant au coin du Theatre.*

Je gage que voila une éveillée qui vient pour m'affriander d'elle, neant.

LISETTE *doucement.*

C'eſt donc vous, Monſieur, qui êtes l'amant de Mademoiſelle Sylvia ?

ARLEQUIN *froidement.*

Oui.

LISETTE.

C'eſt une trés-jolie fille.

ARLEQUIN *du même ton.*

Oui.

LISETTE.

Tout le monde l'aime

ARLEQUIN *bruſquement.*

Tout le monde a tort.

LISETTE.

Pourquoi cela, puis qu'elle le merite ?

ARLEQUIN *bruſquement.*

C'eſt qu'elle n'aimera perſonne que moi.

LISETTE.

Je n'en doute pas, & je lui pardonne ſon attachement pour vous.

ARLEQUIN.

A quoi cela ſert-il ce pardon-là ?

LISETTE.

Je veux dire que je ne ſuis plus ſi ſurpriſe que je l'étois de ſon obſtination à vous aimer.

ARLEQUIN.

Et en vertu de quoi étiez-vous ſurpriſe ?

LISETTE.

C'eſt qu'elle refuſe un Prince aimable.

ARLEQUIN.

Et quand il ſeroit aimable, cela empêche-t-il que je ne le ſois auſſi moi ?

LISETTE *d'un air doux.*

Non, mais enfin c'eſt un Prince.

ARLEQUIN.

Qu'importe ? en fait de fille, ce Prince n'est pas plus avancé que moi.

LISETTE *doucement.*

A la bonne heure ; j'entens seulement qu'il a des sujets & des Etats, & que tout aimable que vous êtes, vous n'en avez point.

ARLEQUIN.

Vous me la baillez belle avec vos sujets & vos Etats ; si je n'ai pas de sujets, je n'ai charge de personne ; & si tout va bien, je m'en réjonis ; si tout va mal, ce n'est pas ma faute. Pour des Etats, qu'on en ait ou qu'on n'en ait point, on n'en tient pas plus de place, & cela ne rend ni plus beau ni plus laid : ainsi de toutes façons vous étiez surprise à propos de rien.

LISETTE *à part.*

Voila un vilain petit homme, je lui fais des complimens, & il me querelle.

ARLEQUIN, *comme lui demandant ce qu'elle dit.*

Hem.

LISETTE.

J'ai du malheur dans ce que je vous dis ; & j'avoue qu'à vous voir seulement, je me serois promis une conversatio nplus douce.

ARLEQUIN.

Dame, Mademoiselle, il n'y a rien de si trompeur que la mine des gens.

LISETTE.

Il eſt vrai que la votre m'a trompée, & voila comme on a ſouvent tort de ſe prévénir en faveur de quelqu'un.

ARLEQUIN.

Oh trés-fort : mais que voulez-vous? je n'ai pas choiſi ma phyſionomie.

LISETTE *en le regardant comme étonnée.*

Non, je n'en ſçaurois revenir quand je vous regarde.

ARLEQUIN.

Me voila pourtant, & il n'y a point de remede, je ſerai toujours comme cela.

LISETTE *d'un air un peu fâché.*

Oh j'en ſuis perſuadée.

ARLEQUIN.

Par bonheur vous ne vous en ſouciez gueres.

LISETTE.

Pourquoi me demandez-vous cela?

ARLEQUIN.

Eh pour le ſçavoir.

LISETTE *d'un air naturel.*

Je ſerois bien ſotte de vous dire la verité là-deſſus, & une fille doit ſe taire.

ARLEQUIN *à part les premiers mots.*

Comme elle y va; tenez, dans le fond c'eſt dommage que vous ſoyez une ſi grande coquette.

LISETTE.

Moi ?

ARLEQUIN.

Vous-même.

LISETTE.

Sçavez-vous bien qu'on n'a jamais dit pareille chose à une femme, & que vous m'insultez ?

ARLEQUIN *d'un air naïf.*

Point du tout, il n'y a point de mal à voir ce que les gens nous montrent ; ce n'est point moi qui ai tort de vous trouver coquette, c'est vous qui avez tort de l'être, Mademoiselle.

LISETTE *d'un air un peu vif.*

Mais par où voyez-vous donc que je le suis ?

ARLEQUIN.

Parce qu'il y a une heure que vous me dites des douceurs, & que vous prenez le tour pour me dire que vous m'aimez : écoutez, si vous m'aimez tout de bon, retirez-vous vîte, afin que cela s'en aille ; car je suis pris, & naturellement je ne veux pas qu'une fille me fasse l'amour la premiere, c'est moi qui veut commencer à le faire à la fille, cela est bien meilleur, & si vous ne m'aimez pas, eh fy, Mademoiselle, fy, fy.

LISETTE.

Allez, allez, vous n'êtes qu'un visionnaire.

ARLEQUIN.

Comment est-ce que les garçons à la Cour peuvent souffrir ces manieres-là dans leurs Maîtresses ? Par la morbleu, qu'une femme est laide quand elle est coquette.

LISETTE.

Mais, mon pauvre garçon, vous extravaguez.

ARLEQUIN.

Vous parlez de Sylvia, c'est cela qui est aimable ; si je vous contois notre amour, vous tomberiez dans l'admiration de sa modestie : les premiers jours il faloit voir comme elle se reculoit d'auprés de moi, & puis elle reculoit plus doucement, & puis petit à petit elle ne reculoit plus ; ensuite elle me regardoit en cachette, & puis elle avoit honte quand je l'avois vû faire, & puis moi j'avois un plaisir de Roi à voir sa honte ; ensuite j'attrapois sa main, qu'elle me laissoit prendre, & puis elle étoit encore toute confuse, & puis je lui parlois ; ensuite elle ne me répondoit rien, mais n'en pensoit pas moins ; ensuite elle me donnoit des regards pour des paroles, & puis des paroles qu'elle laissoit aller sans y songer, parce que son cœur alloit plus vîte qu'elle : enfin c'étoit un charme, aussi j'étois comme un en fou ; & voila ce qui s'appelle une fille, mais vous ne ressemblez point à Sylvia.

LISETTE.

En verité vous me divertissez, vous me faites rire.

ARLEQUIN *en s'en allant.*

Oh pour moi je m'ennuye de vous faire rire à vos dépens : adieu, si tout le monde étoit comme moi, vous trouveriez plûtôt un merle blanc qu'un amoureux.

Trivelin arrive quand il sort.

TRIVELIN *à Arlequin.*

Vous sortez ?

ARLEQUIN.

Oui, cette Demoiselle veut que je l'aime, mais il n'y a pas moyen.

TRIVELIN.

Allons, allons faire un tour en attendant le dîner, cela vous desennuyera.

SCENE VI.

LE PRINCE, FLAMINIA, LISETTE.

FLAMINIA *à Lisette.*

EH bien nos affaires avancent-elles ? comment va le cœur d'Arlequin ?

LISETTE *d'un air fâché.*

Il va très-brutalement pour moi.

FLAMINIA.

Il t'a donc mal reçûe ?

LISETTE.

Eh fy, Mademoiselle, vous êtes une coquette, voila de son style.

LE PRINCE.

J'en suis fâché, Lisette : mais il ne faut pas que cela vous chagrine, vous n'en valez pas moins.

LISETTE.

Je vous avoue, Seigneur, que si j'étois vaine, je n'aurois pas mon compte ; j'ai des preuves que je puis déplaire, & nous autres femmes nous nous passons bien de ces preuves-là.

FLAMINIA.

Allons, allons, c'est maintenant à moi à tenter l'avanture.

LE PRINCE.

Puis qu'on ne peut gagner Arlequin, Sylvia ne m'aimera jamais

FLAMINIA.

Et moi je vous dis, Seigneur, que j'ai vû Arlequin, qu'il me plaît à moi, que je me suis mise dans la tête de vous rendre content ; que je vous ai promis que vous le seriez, que je vous tiendrai parole, & que de tout ce que je vous dis là, je n'en rabattrois pas la valeur d'un mot, oh vous ne me connoissez pas. Quoi, Seigneur, Arlequin & Sylvia me resisteroient? Je ne gouvernerois pas deux cœurs de cette espece-là, moi qui l'ai entrepris, moi qui suis opiniâtre, moi qui suis femme? C'est tout dire. Eh mais j'irois me cacher, mon sexe me renonceroit. Seigneur, vous pouvez en toute sûreté ordonner les apprêts de votre mariage, vous arranger pour cela; je vous garantis aimé, je vous garantis marié, Sylvia va vous donner son cœur, ensuite sa main; je l'entens d'ici vous dire, Je vous aime, je vois vos noces, elles se font, Arlequin m'épouse, vous nous honorez de vos bienfaits, & voila qui est fini.

LISETTE *d'un air incredule.*

Tout est fini, rien n'est commencé.

FLAMINIA.

Tais-toi, esprit court.

LE PRINCE.

Vous m'encouragez à esperer: mais je vous avoue que je ne vois d'apparence à rien.

FLAMINIA.

Je les ferai bien venir ces apparences, j'ai de bons moyens pour cela; je vais commencer par aller chercher Sylvia, il est temps qu'elle voye Arlequin.

LISETTE.

Quand ils se seront vûs, j'ai bien peur que tes moyens n'aillent mal.

LE PRINCE.

Je pense de même.

FLAMINIA *d'un air indifferent.*

Eh nous ne differons que du oui & du non, ce n'est qu'une bagatelle ; pour moi j'ai resolu qu'ils se voyent librement : sur la liste des mauvais tours que je veux jouer à leur amour, c'est ce tour-là que j'ai mis à la tête.

LE PRINCE.

Faites donc à votre fantaisie.

FLAMINIA.

Retirons-nous, voici Arlequin qui vient.

SCENE VII.

ARLEQUIN, TRIVELIN, & *une suite de valets.*

ARLEQUIN.

PAr parenthese dites-moi une chose, il y a une heure que je rêve à quoi servent ces grands drôles barriolez qui nous accompagent partout, ces gens-là sont bien curieux.

TRIVELIN.

Le Prince qui vous aime commence par là à vous donner des témoignages de sa bienveillance; il veut que ces gens-là vous ſuivent pour vous faire honneur.

ARLEQUIN.

Oh, oh, c'eſt donc une marque d'honneur?

TRIVELIN.

Oui ſans doute.

ARLEQUIN.

Et dites-moi, ces gens-là qui me ſuivent qui eſt-ce qui les ſuit eux?

TRIVELIN.

Perſonne.

ARLEQUIN.

Eh vous, n'avez-vous perſonne auſſi?

TRIVELIN.

Non.

ARLEQUIN.

On ne vous honore donc pas vous autres?

TRIVELIN.

Nous ne meritons pas cela.

ARLEQUIN *en colere, & prenant ſon bâton.*

Allons, cela étant, hors d'ici, tournez-moi les talons avec toutes ces canailles-là.

TRIVELIN.

D'où vient donc cela?

ARLEQUIN.

Détalez, je n'aime point les gens ſans honneur, & qui ne meritent pas qu'on les honore.

TRIVELIN.

Vous ne m'entendez pas.

ARLEQUIN *en le frapant.*

Je m'en vais donc vous parler plus clairement.

TRIVELIN *en s'enfuyant.*

Arrêtez, arrêtez, que faites-vous ?

Arlequin court aussi aprés les autres valets, qu'il chasse, & Trivelin se refugie dans une coulisse.

ARLEQUIN *revient sur le Theâtre.*

Ces marauts-là, j'ai eu toutes les peines du monde à les congedier ; voila une drôle de façon d'honorer un honnête homme, que de mettre une troupe de coquins aprés lui : c'est se moquer du monde.

Il se retourne, & voit Trivelin qui revient.

ARLEQUIN.

Mon ami, est-ce que je ne me suis pas bien expliqué ?

TRIVELIN *de loin.*

Ecoutez, vous m'avez battu : mais je vous le pardonne, je vous crois un garçon raisonnable.

ARLEQUIN.

Vous le voyez bien.

TRIVELIN *de loin.*

Quand je vous dis que nous ne meritons pas d'avoir des gens à notre suite, ce n'est pas que nous manquions d'honneur ; c'est qu'il n'y a que les personnes considerables, les Seigneurs, les gens riches qu'on honore de cette maniere-là ; s'il suffisoit d'être honnête homme, moi qui vous parle j'aurois aprés moi une armée de valets.

ARLEQUIN *remettant sa latte.*

Oh à present je vous comprens ; que diantre que ne dites-vous les choses comme il faut ? Je n'aurois pas le bras démis, & vos épaules s'en porteroient mieux.

TRIVELIN.

Vous m'avez fait mal.

ARLEQUIN.

Je le crois bien, c'étoit mon intention ; par bonheur ce n'est qu'un mal-entendu, & vous devez être bien-aise d'avoir reçû innocemment les coups de bâton que je vous ai donnez. Je vois bien à present que c'est qu'on fait ici tout l'honneur aux gens considerables, riches, & à celui qui n'est qu'honnête homme, rien.

TRIVELIN.

C'est cela même.

ARLEQUIN *d'un air dégoûté.*

Sur ce pied-là ce n'est pas grande chose que d'être honoré, puisque cela ne signifie pas qu'on soit honorable.

TRIVELIN.

Mais on peut être honorable avec cela.

ARLEQUIN.

Ma foi, tout bien compté, vous me ferez plaisir de me laisser là sans compagnie ; ceux qui me verront tout seul me prendront tout d'un coup pour un honnête homme, j'aime autant cela que d'être pris pour un grand Seigneur.

TRIVELIN.

Nous avons ordre de rester auprés de vous.

ARLEQUIN.

Menez-moi donc voir Sylvia.

TRIVELIN.

Vous serez satisfait, elle va venir... parbleu je ne vous trompe pas, car la voila qui entre : adieu, je me retire.

SCENE VIII.

SYLVIA, FLAMINIA, ARLEQUIN.

SYLVIA *en entrant accourt avec joye.*

AH le voici ! eh mon cher Arlequin, c'est donc vous ! je vous revois donc! le pauvre enfant ! que je suis aise !

ARLEQUIN *tout étouffé de joye.*

Et moi aussi. *Il prend respiration.* Oh,

oh, je me meurs de joie.

SYLVIA.

Là, là, mon fils, doucement ; comme il m'aime, quel plaisir d'être aimé comme cela !

FLAMINIA *en les regardant tous deux.*

Vous me ravissez tous deux, mes chers enfans, & vous êtes bien aimables de vous être si fideles. *Et comme tout bas.* Si quelqu'un m'entendoit dire cela, je serois perdue : mais dans le fond du cœur je vous estime, & je vous plains.

SYLVIA *lui répondant.*

Helas ! c'est que vous êtes un bon cœur. J'ai bien soûpiré, mon cher Arlequin.

ARLEQUIN *tendrement, & lui prenant la main.*

M'aimez-vous toujours ?

SYLVIA.

Si je vous aime, cela se demande-t-il ? est-ce une question à faire ?

FLAMINIA *d'un air naturel à Arlequin.*

Oh pour cela je puis vous certifier sa tendresse, je l'ai vûe au desespoir, je l'ai vûe pleurer de votre absence ; elle m'a touchée moi-même, je mourois d'envie de vous voir ensemble, vous voila : adieu, mes amis, je m'en vais, car vous m'attendrissez ; vous me faites tristement ressouvenir d'un amant que j'avois & qui est mort, il avoit de l'air d'Arlequin, & je ne l'oublierai jamais. Adieu, Sylvia, on m'a mise auprés de vous, mais je ne vous déservirai point; aimez toujours Arlequin, il le merite; & vous, Arlequin, quelque chose qu'il arrive, regardez-moi comme une amie, comme une personne qui voudroit pouvoir vous obliger, je ne negligerai rien pour cela.

ARLEQUIN *doucement.*

Allez, Mademoiselle, vous êtes une fille de bien, je suis votre ami aussi moi; je suis fâché de la mort de votre amant, c'est bien dommage que vous soyez affligée & nous aussi.

Flaminia sort.

SYLVIA *d'un air plaintif.*

Eh bien, mon cher Arlequin.

ARLEQUIN.

Eh bien, mon ame.

SYLVIA.

Nous sommes bien malheureux.

ARLEQUIN.

Aimons-nous toujours, cela nous aidera à prendre patience.

SYLVIA.

Oui, mais notre amitié que deviendra-t-elle? cela m'inquiete.

ARLEQUIN.

Helas! ma mour, je vous dis de prendre patience: mais je n'ai pas plus de courage que vous. *Il lui prend la main.* Pauvre petit trésor à moi, ma mie ; il y a trois jours que je n'ai vû ces beaux yeux-là, regardez-moi toujours pour me recompenser.

SYLVIA *d'un air inquiet.*

Ah ! j'ai bien des choses à vous dire, j'ai peur de vous perdre, j'ai peur qu'on ne vous fasse quelque mal par méchanceté de jalousie, j'ai peur que vous ne soyez trop long temps sans me voir, & que vous ne vous y accoutumiez.

ARLEQUIN.

Petit cœur, est-ce que je m'accoutumerois à être malheureux ?

SYLVIA.

Je ne veux point que vous m'oubliiez, je ne veux point non plus que vous enduriez rien à cause de moi ; je ne sçai point dire ce que je veux, je vous aime trop, c'est une pitié que mon embarras, tout me chagrine.

ARLEQUIN *pleure.*

Hi, hi, hi, hi.

SYLVIA *tristement.*

Oh bien, Arlequin, je m'en vais donc pleurer aussi moi.

ARLEQUIN.

Comment voulez-vous que je m'empêche de pleurer, puisque vous voulez être si triste ? Si vous aviez un peu de compassion pour moi, est ce que vous seriez si affligée ?

SYLVIA.

Demeurez donc en repos, je ne vous dirai plus que je suis chagrine.

ARLEQUIN.

Oui, mais je devinerai que vous l'êtes; il faut me promettre que vous ne le serez plus.

SYLVIA.

Oui, mon fils: mais promettez-moi aussi que vous m'aimerez toujours.

ARLEQUIN *en s'arrêtant tout court pour la regarder.*

Sylvia, je suis votre amant, vous êtes ma maîtresse, retenez-le bien, car cela est vrai; & tant que je serai en vie, cela ira toujours le même train, cela ne branlera pas, je mourrai de compagnie avec cela. Ah çà dites-moi le serment que vous voulez que je vous fasse.

SYLVIA *bonnement.*

Voila qui va bien, je ne sçai point de sermens; vous êtes un garçon d'honneur, j'ai votre amitié, vous avez la mienne, je ne la reprendrai pas, à qui est ce que je la porterois? N'êtes-vous pas le plus joli garçon qu'il y ait? Y a-t-il quelque fille qui puisse vous aimer autant que moi? Eh bien, n'est-ce pas assez, nous en faut-il davantage? Il n'y a qu'à rester comme nous sommes, il n'y aura pas besoin de sermens.

ARLEQUIN.

Dans cent ans d'ici nous ſerons tout de même.

SYLVIA.

Sans doute.

ARLEQUIN.

Il n'y a donc rien à craindre, ma mie; tenons-nous joyeux.

SYLVIA.

Nous ſouffrirons peut être un peu, voila tout.

ARLEQUIN.

C'eſt une bagatelle, quand on a un peu pâti, le plaiſir en ſemble meilleur.

SYLVIA.

Oh pourtant je n'aurois que faire de pâtir pour être bien aiſe moi.

ARLEQUIN.

Il n'y aura qu'à ne pas ſonger que nous pâtiſſons.

SYLVIA *en le regardant tendrement.*

Ce cher petit homme, comme il m'encourage.

ARLEQUIN *tendrement.*

Je ne m'embaraſſe que de vous.

SYLVIA *en le regardant.*

Où eſt-ce qu'il prend tout ce qu'il me dit? Il n'y a que lui au monde comme cela: mais auſſi il n'y a que moi pour vous aimer, Arlequin.

ARLEQUIN *saute d'aise.*

C'est comme du miel ces paroles-là.

En même temps vient Flaminia & Trivelin.

TRIVELIN *à Sylvia.*

Je suis au desespoir de vous interrompre: mais votre mere vient d'arriver, Mademoiselle Sylvia, & elle demande instamment à vous parler.

SYLVIA *regardant Arlequin.*

Arlequin, ne me quittez pas, je n'ai rien de secret pour vous.

ARLEQUIN *la prenant sous le bras.*

Marchons, ma petite.

FLAMINIA *d'un air de confiance, & s'approchant d'eux.*

Ne craignez rien, mes enfans; allez toute seule trouver vôtre mere, ma chere Sylvia, cela sera plus seant: vous êtes libres de vous voir autant qu'il vous plaira, c'est moi qui vous en assure, vous sçavez bien que je ne voudrois pas vous tromper.

ARLEQUIN.

Oh non, vous êtes de notre parti vous.

SYLVIA.

Adieu donc, mon fils, je vous rejoindrai bientôt.

ARLEQUIN *à Flaminia qui veut s'en aller & qu'il arrête.*

Notre amie, pendant qu'elle sera là restez avec moi, pour empêcher que je ne m'ennuye, il n'y a ici que votre compagnie que je puisse endurer.

FLAMINIA *comme en secret.*

Mon cher Arlequin, la votre me fait bien du plaisir aussi: mais j'ai peur qu'on ne s'apperçoive de l'amitié que j'ai pour vous.

TRIVELIN.

Seigneur Arlequin le dîné est prêt.

ARLEQUIN *tristement.*

Je n'ai point de faim.

FLAMINIA *d'un air d'amitié*

Je veux que vous mangiez, vous en avez besoin.

ARLEQUIN *doucement.*

Croyez-vous?

FLAMINIA.

Oui.

ARLEQUIN.

Je ne sçaurois. *A Trivelin.* La soupe est-elle bonne?

TRIVELIN.

Exquise.

ARLEQUIN.

Hum, il faut attendre Sylvia, elle aime le potage.

FLAMINIA.

Je crois qu'elle dînera avec sa mere; vous êtes le maître pourtant: mais je vous conseille de les laisser ensemble, n'est-il pas vrai ? Aprés dîné vous la verrez.

ARLEQUIN.

Je veux bien : mais mon appetit n'est pas encore ouvert.

TRIVELIN.

Le vin est au frais, & le rôt tout prêt.

ARLEQUIN.

Je suis si triste... Ce rôt est donc friand?

TRIVELIN

C'est du gibier qui a une mine...

ARLEQUIN.

Que de chagrins ! Allons donc, quand la viande est froide elle ne vaut rien.

FLAMINIA.

N'oubliez pas de boire à ma santé.

ARLEQUIN.

Venez boire à la mienne, à cause de la connoissance.

FLAMINIA.

Ouidà, de tout mon cœur, j'ai une demi-heure à vous donner.

ARLEQUIN.

Bon, je suis content de vous.

Fin du premier Acte.

ACTE

ACTE II.

SCENE PREMIERE.

FLAMINIA, SYLVIA.

SYLVIA.

OUi je vous crois, vous paroissez me vouloir du bien ; aussi vous voyez que je ne souffre que vous, je regarde tous les autres comme mes ennemis. Mais où est Arlequin ?

FLAMINIA.

Il va venir, il dîne encore.

SYLVIA.

C'est quelque chose d'épouvantable que ce pays-ci ; je n'ai jamais vû de femmes si civiles, des hommes si honnêtes, ce sont des manieres si douces, tant de reverences, tant de complimens, tant de signes d'amitié : vous diriez que ce sont les meilleurs gens du monde, qu'ils sont pleins de cœur & de conscience ; point du tout, de tous ces gens-là il n'y en a pas un qui ne vienne me dire d'un air prudent : Mademoiselle, croyez-moi, je vous conseille d'abandonner Arlequin, & d'épouser le Prince : mais ils me conseillent cela tout naturellement, sans avoir honte, non plus que s'ils m'exhortoient à quelque bonne action. Mais, leur dis-je, j'ai promis à Arlequin, où est la fidélité, la probité, la bonne foi ? Ils ne m'entendent pas, ils ne sçavent ce que c'est que tout cela, c'est tout comme si je leur parlois Grec ; ils me rient au nez, me disent que je fais l'enfant, qu'une grande fille doit avoir de la raison : eh cela n'est-il pas joli ? Ne valoir rien, tromper son prochain, lui manquer de parole, être fourbe & mensonger, voila le devoir des grandes personnes de ce maudit endroit-ci. Qu'est-ce que c'est que ces gens-là ? d'où sortent-ils ? de quelle pâte sont-ils ?

FLAMINIA.

De la pâte des autres hommes, ma chere Sylvia ; que cela ne vous étonne pas, ils s'imaginent que ce seroit votre bonheur que le mariage du Prince.

SYLVIA.

Mais ne suis-je pas obligée d'être fidelle ? N'est-ce pas mon devoir d'honnête fille ? & quand on ne fait pas son devoir, est-on heureuse ? Par-dessus le marché, cette fidelité n'est-elle pas mon charme ? & on a le courage de me dire : Là, fais un mauvais jour qui ne te rapportera que du mal, perds ton plaisir & ta bonne foi ; & parce que je ne veux pas moi, on me trouve dégoûtée.

FLAMINIA.

Que voulez-vous ? ces gens là pensent à leur façon, & souhaiteroient que le Prince fût content.

SYLVIA.

Mais ce Prince, que ne prend-il une fille qui se rende à lui de bonne volonté? Quelle fantaisie d'en vouloir une qui ne veut pas de lui ? Quel goût trouve-t-il à cela ? Car c'est un abus que tout ce qu'il fait, tous ces concerts, ces Comedies, ces grands repas qui ressemblent à des noces, ces bijoux qu'il m'envoye, tout cela lui coûte un argent infini, c'est un abîme, il se ruine ; demandez-moi ce qu'il y gagne ? Quand il me donneroit toute la boutique d'un Mercier, cela ne me feroit pas tant de plaisir qu'un petit peloton qu'Arlequin m'a donné.

FLAMINIA.

Je n'en doute pas, voila ce que c'est que l'amour ; j'ai aimé de même, & je me reconnois au petit peloton.

SYLVIA.

Tenez, si j'avois eu à changer Arlequin contre un autre, ç'auroit été contre un Officier du Palais, qui m'a vûe cinq ou six fois, & qui est d'aussi bonne façon qu'on puisse être : il y a bien à tirer si le Prince le vaut, c'eſt dommage que je n'ai pû l'aimer dans le fond, & je le plains plus que le Prince.

FLAMINIA *ſoûriant en cachette.*

Oh Sylvia, je vous aſſure que vous plaindrez le Prince autant que lui, quand vous le connoîtrez.

SYLVIA.

Eh bien qu'il tâche de m'oublier, qu'il me renvoye, qu'il voye d'autres filles; il y en a ici qui ont leur amant tout comme moi: mais cela ne les empêche pas d'aimer tout le monde, j'ai bien vû que cela ne leur coûte rien: mais pour moi, cela m'eſt impoſſible.

FLAMINIA.

Eh ma chere enfant, avons-nous rien ici qui vous vaille, rien qui approche de vous?

SYLVIA *d'un air modeſte.*

Oh que ſi, il y en a de plus jolies que moi; & quand elles ſeroient la moitié moins jolies, cela leur fait plus de profit qu'à moi d'être tout à fait belle: j'en vois ici de laides qui font ſi bien aller leur viſage, qu'on y eſt trompé.

FLAMINIA.

Oui: mais le votre va tout ſeul, & cela eſt charmant.

SYLVIA.

Bon moi, je ne parois rien, je ſuis toute

d'une piece auprés d'elles, je demeure là, je ne vais ni ne viens; au lieu qu'elles, elles sont d'une humeur joyeuse, elles ont des yeux qui caressent tout le monde, elles ont une mine hardie, une beauté libre qui ne se gêne point, qui est sans façon : cela plaît davantage que non pas une honteuse comme moi, qui n'ose pas regarder les gens, & qui est confuse qu'on la trouve belle.

FLAMINIA.

Eh voila justement ce qui touche le Prince, voila ce qu'il estime ; c'est cette ingenuité, cette beauté simple, ce sont ces graces naturelles : eh, croyez-moi, ne louez pas tant les femmes d'ici, car elles ne vous louent guéres.

SYLVIA.

Qu'est-ce donc qu'elles disent ?

FLAMINIA.

Des impertinences, elles se moquent de vous, raillent le Prince, lui demandent comment se porte sa beauté rustique ; y a-t-il de visage plus commun, disoient l'autre jour ces jalouses entr'elles, de taille plus gauche? Là-dessus l'une vous prenoit par les yeux, l'autre par la bouche, il n'y avoit pas jusqu'aux hommes qui ne vous trouvoient pas trop jolie ; j'étois dans une colere...

SYLVIA *fâchée.*

Pardi, voila de vilains hommes de trahir comme cela leur pensée pour plaire à ces sottes-là !

FLAMINIA.

Sans difficulté.

SYLVIA.

Que je les hais ces femmes-là : mais puisque je suis si peu agreable à leur compte, pourquoi donc est-ce que le Prince m'aime, & qu'il les laisse là ?

FLAMINIA.

Oh, elles sont persuadées qu'il ne vous aimera pas long temps, que c'est un caprice qui lui passera, & qu'il en rira tout le premier.

SYLVIA *piquée, & aprés avoir un peu regardé Flaminia.*

Hum, elles sont bien-heureuses que j'aime Arlequin, sans cela j'aurois grand plaisir à les faire mentir ces babillardes-là.

FLAMINIA.

Ah qu'elles meriteroient bien d'être punies ; je leur ai dit, vous faites ce que vous pouvez pour faire renvoyer Sylvia, & pour plaire au Prince, & si elle vouloit, il ne daigneroit pas vous regarder.

SYLVIA.

Pardy, vous voyez bien ce qu'il en est, il ne tient qu'a moy de les confondre.

FLAMINIA.

Voila de la compagnie qui vous vient.

SYLVIA

Eh, je crois que c'est cet Officier dont je

vous ai parlé, c'est lui-même ; voyez la belle physionomie d'homme.

SCENE II.

LE PRINCE *sous le nom d'Officier du Palais,* & **LISETTE** *sous le nom de Dame de la Cour,* & *les Acteurs precedens.*

Le Prince en voyant Sylvia, salue avec beaucoup de soumission.

SYLVIA.

Comment, vous voila, Monsieur, vous sçaviez donc bien que j'étois ici ?

LE PRINCE.

Oui, Mademoiselle, je le sçavois ; mais vous m'aviez dit de ne plus vous voir, & je n'aurois osé paroître sans Madame, qui a souhaité que je l'accompagnasse, & qui a obtenu du Prince l'honneur de vous faire la reverence.

La Dame ne dit mot, & regarde seulement Sylvia avec attention, Flaminia & elle se font des mines.

SYLVIA *doucement.*

Je ne suis pas fâchée de vous revoir, & vous me retrouvez bien triste ; à l'égard de cette Dame, je la remercie de la volonté qu'elle a de me faire une reverence, je ne merite pas cela ; mais qu'elle me la fasse, puisque c'est son desir, je lui en rendrai une comme je pourrai, elle excusera si je la fais mal.

LISETTE.

Oui, ma mie, je vous excuserai de bon cœur, je ne vous demande pas l'impossible.

SYLVIA *repetant d'un air fâché, & à part, & faisant une reverence.*

Je ne vous demande pas l'impossible, quelle maniere de parler ?

LISETTE.

Quel âge avez-vous, ma fille ?

SYLVIA.

Je l'ai oublié, ma mere.

FLAMINIA *à Sylvia.*

Bon.

Le Prince paroît, & affecte d'être surpris.

LISETTE.

Elle se fâche, je pense.

LE PRINCE.

Mais, Madame, que signifient ces discours-là ? sous pretexte de venir saluer Sylvia, vous lui faites une insulte ?

LISETTE.

Ce n'est pas mon dessein ; j'avois la curiosité de voir cette petite fille qu'on aime tant ; qui fait naître une si forte passion, & je cherche ce qu'elle a de si aimable ; on dit qu'elle est naïve, c'est un agrément campagnard qui doit la rendre amusante, priez-la de nous donner quelques traits de naïveté, voyons son esprit.

SYLVIA.

Eh non, Madame, ce n'est pas la peine, il n'est pas si plaisant que le vôtre.

LISETTE *riant.*

Ah, ah, vous demandiez du naïf, en voila.

LE PRINCE.

Allez-vous en, Madame.

SYLVIA.

Cela m'impatiente à la fin, & si elle ne s'en va, je me fâcherai tout de bon.

LE PRINCE *à Lisette.*

Vous vous repentirez de votre procedé.

LISETTE *en se retirant d'un air dédaigneux.*

Adieu, un pareil objet me vange assez de celui qui en a fait choix.

SCENE III.

LE PRINCE, FLAMINIA, SYLVIA.

FLAMINIA.

VOila une creature bien effrontée.

SYLVIA.

Je suis outrée, j'ai bien affaire qu'on m'enleve pour se moquer de moy; chacun a son prix, ne semble-t-il pas que je ne vaille pas bien ces femmes-là? je ne voudrois pas être changée contr'elles.

FLAMINIA.

Bon, ce sont des complimens que les injures de cette jalouse-là.

LE PRINCE.

Belle Sylvia, cette femme-là nous a trompez le Prince & moy, vous m'en voyez au desespoir, n'en doutez pas; vous sçavez que je suis penetré de respect pour vous; vous connoissez mon cœur, je venois ici pour me donner la satisfaction de vous voir, pour jetter encore une fois les yeux sur une personne si chere, & reconnoître notre souveraine; mais je ne prends pas garde que je me découvre, que Flaminia m'écoute, & que je vous importune encore.

FLAMINIA *d'un air naturel.*

Quel mal faites-vous, ne sçai-je pas bien qu'on ne peut la voir sans l'aimer.

SYLVIA.

Et moy je voudrois qu'il ne m'aimât pas, car j'ai du chagrin de ne pouvoir lui rendre le change; encore si c'étoit un homme comme tant d'autres, à qui on dit ce qu'on veut; mais il est trop agreable pour qu'on le maltraite lui, & il a toujours été comme vous le voyez.

LE PRINCE.

Ah, que vous êtes obligeante, *Sylvia*! Que puis-je faire pour meriter ce que vous venez de me dire, si ce n'est de vous aimer toujours!

SYLVIA.

Eh bien, aimez-moi, à la bonne heure, j'y aurai du plaisir, pourvû que vous promettiez de prendre votre mal en patience; car je ne sçaurois mieux faire, en verité, Arlequin est venu le premier, voila tout ce qui vous nuit; si j'avois deviné que vous viendriez aprés lui, en bonne foi je vous aurois attendu; mais vous avez du malheur, & moi je ne suis pas heureuse.

LE PRINCE.

Flaminia, je vous en fais juge, pourroit-on cesser d'aimer *Sylvia*? connoissez vous de cœur plus compatissant, plus genereux que le sien? Non, la tendresse d'une autre me toucheroit moins que la ſeule bonté qu'elle a de me plaindre.

SYLVIA *à Flaminia.*

Et moi, je vous en fais juge auſſi ; là, vous l'entendez, comment ſe comporter avec un homme qui me remercie toujours, qui prend tout ce qu'on lui dit en bien ?

FLAMINIA.

Franchement, il a raiſon, Sylvia, vous êtes charmante, & à ſa place je ſerois tout comme il eſt.

SYLVIA.

Ah çà, n'allez pas l'attendrir encore, il n'a pas beſoin qu'on lui diſe tant que je ſuis jolie, il le croit aſſez. *à Lelio.* Croyez-moi, tâchez de m'aimer tranquillement, & vangez-moi de cette femme qui m'a injuriée.

LE PRINCE.

Oui, ma chere Sylvia, j'y cours ; à mon égard, de quelque façon que vous me traitiez, mon parti eſt pris, j'aurai du moins le plaiſir de vous aimer toute ma vie.

SYLVIA.

Oh, je m'en doutois bien, je vous connois.

FLAMINIA.

Allez, Monſieur, hâtez-vous d'informer le Prince du mauvais procedé de la Dame en queſtion ; il faut que tout le monde ſçache ici le reſpect qui eſt dû à Sylvia.

LE PRINCE.

Vous aurez bientôt de mes nouvelles.

Il sort.

FLAMINIA.

Vous, ma chere, pendant que je vais chercher Arlequin, qu'on retient peut-être un peu trop long-temps à table, allez essayer l'habit qu'on vous a fait, il me tarde de vous le voir.

SYLVIA.

Tenez, l'étoffe est belle, elle m'ira bien; mais je ne veux point de tous ces habits-là, car le Prince me veut en troc, & jamais nous ne finirons ce marché-là.

FLAMINIA.

Vous vous trompez, quand il vous quitteroit, vous emporteriez tout; vraiment, vous ne le connoissez pas.

SYLVIA.

Je m'en vais donc sur votre parole, pourvû qu'il ne me dise pas aprés, pourquoi as-tu pris mes presens?

FLAMINIA

Il vous dira, pourquoi n'en avoir pas pris davantage?

SYLVIA.

En ce cas-là, j'en prendrai tant qu'il voudra, afin qu'il n'ait rien à me dire.

FLAMINIA.

Allez, je réponds de tout.

SCENE IV.

FLAMINIA, ARLEQUIN, *tout éclatant de rire, entre avec Trivelin.*

FLAMINIA *à part.*

IL me semble que les choses commencent à prendre forme ; voici Arlequin, en verité je ne sçai : mais si ce petit homme venoit à m'aimer, j'en profiterois de bon cœur.

ARLEQUIN *riant.*

Ah, ah, ah ! bon jour, mon amie.

FLAMINIA *en souriant.*

Bon jour, Arlequin, dites-moi donc de quoi vous riez, afin que j'en rie aussi ?

ARLEQUIN.

C'est que mon valet Trivelin, que je ne paye point, m'a mené par toutes les chambres de la maison, où l'on trote comme dans les rues, où l'on jase comme dans notre Halle, sans que le maître de la maison s'embarasse de tous ces visages-là, & qui viennent chez lui sans lui donner le bon jour, qui vont le voir manger, sans qu'il leur dise : Voulez-vous boire un coup ? Je me divertissois de ces originaux-là en revenant, quand j'ai vû un grand coquin qui a levé l'habit d'un Dame par derriere. Moi j'ai crû qu'il lui faisoit quelque niche, & je lui ai dit bonnement : Arrêtez-vous, polisson, vous badinez malhonnêtement. Elle qui m'a entendu s'est retournée, & m'a dit : Ne voyez-vous pas bien qu'il me porte la queue ? Et pourquoi vous la laissez-vous porter cette queue, ai-je repris ? Sur cela le polisson s'est mis à rire, la Dame rioit, Trivelin rioit, tout le monde rioit, par compagnie je me suis mis à rire aussi. A cette heure je vous demande pourquoi nous avons ri tous.

FLAMINIA.

D'une bagatelle. C'est que vous ne sçavez pas que ce que vous avez vû faire à ce laquais est un usage pour les Dames.

ARLEQUIN.

C'est donc encore un honneur ?

FLAMINIA.

Oui vraiment.

ARLEQUIN.

Pardi j'ai donc bien fait d'en rire ; car cet honneur-là est bouffon & à bon marché.

FLAMINIA.

Vous êtes gai, j'aime à vous voir comme cela ; avez-vous bien mangé depuis que je vous ai quitté ?

ARLEQUIN.

Ah morbleu qu'on a apporté de friandes

drogues ! que le cuisinier d'ici fait de bonnes fricassées ! Il n'y a pas moyen de tenir contre sa cuisine ; j'ai tant bû à la santé de Sylvia & de vous, que si vous êtes malades, ce ne sera pas ma faute.

FLAMINIA.

Quoi vous vous êtes encore ressouvenu de moi ?

ARLEQUIN.

Quand j'ai donné mon amitié à quelqu'un, jamais je ne l'oublie, sur-tout à table. Mais à propos de Sylvia, est-elle encore avec sa mere ?

TRIVELIN.

Mais, Seigneur Arlequin, songerez-vous toujours à Sylvia ?

ARLEQUIN.

Taisez-vous, quand je parle.

FLAMINIA.

Vous avez tort, Trivelin.

TRIVELIN.

Comment j'ai tort ?

FLAMINIA.

Oui, pourquoi l'empêchez-vous de parler de ce qu'il aime ?

TRIVELIN.

A ce que je vois, Flaminia, vous vous souciez beaucoup des interêts du Prince ?

FLAMINIA *comme épouvantée.*

Arlequin, cet homme-là me fera des affaires à cause de vous.

ARLE-

ARLEQUIN *en colere.*

Non, ma bonne. *A Trivelin.* Ecoute, je ſuis ton maître, car tu me l'as dit, je n'en ſçavois rien, faineant que tu es, s'il t'arrive de faire le rapporteur, & qu'à cauſe de toi on faſſe ſeulement la moué à cette honnête fille-là, c'eſt deux oreilles que tu auras de moins, je te les garantis dans ma poche.

TRIVELIN.

Je ne ſuis pas à cela prés, & je veux faire mon devoir.

ARLEQUIN.

Deux oreilles, entens-tu bien à preſent ? Va-t-en.

TRIVELIN.

Je vous pardonne tout à vous, car enfin il le faut : mais vous me le payerez, Flaminia.

Arlequin veut retourner ſur lui, & Flaminia l'arrête : quand il eſt revenu, il dit.

ARLEQUIN.

Cela eſt terrible ! je n'ai trouvé ici qu'une perſonne qui entende la raiſon, & l'on vient chicaner ma converſation avec elle : ma chere Flaminia, à preſent parlons de Sylvia à notre aiſe ; quand je ne la vois point, il n'y a qu'avec vous que je m'en paſſe.

FLAMINIA *d'un air ſimple.*

Je ne ſuis point ingrate, il n'y a rien que

je ne fisse pour vous rendre contens tous deux, & d'ailleurs vous êtes si estimable, Arlequin, quand je vois qu'on vous chagrine, je souffre autant que vous.

ARLEQUIN.

La bonne sorte de fille ! toutes les fois que vous me plaignez, cela m'appaise, je suis la moitié moins fâché d'être triste.

FLAMINIA.

Pardi qui est-ce qui ne vous plaindroit pas ? qui est-ce qui ne s'interesseroit pas à vous ? vous ne connoissez pas ce que vous valez, Arlequin.

ARLEQUIN.

Cela se peut bien, je n'y ai jamais regardé de si prés.

FLAMINIA.

Si vous sçaviez combien il m'est cruel de n'avoir point de pouvoir, si vous lisiez dans mon cœur.

ARLEQUIN.

Helas ! je ne sçai point lire, mais vous me l'expliqueriez ; par la mardi je voudrois n'être plus affligé, quand ce ne seroit que pour l'amour du souci que cela vous donne : mais cela viendra.

FLAMINIA *d'un ton triste.*

Non, je ne serai jamais témoin de votre contentement, voila qui est fini ; Trivelin causera, l'on me separera d'avec vous, & que sçai-je moi où l'on m'emmenera ? Arlequin, je vous parle peut-être pour la derniere fois, & il n'y a plus de plaisir pour moi dans le monde.

ARLEQUIN *triste.*

Pour la derniere fois ! j'ai donc bien du guignon ? je n'ai qu'une pauvre maîtresse, ils me l'ont emportée, vous emporteroient-ils encore ? Et où est-ce que je prendrai du courage pour endurer tout cela ? Ces gens-là croyent-ils que j'ai un cœur de fer ? ont-ils entrepris mon trépas ? seront-ils si barbares ?

FLAMINIA.

En tout cas j'espere que vous n'oublierez jamais Flaminia, qui n'a rien tant souhaité que votre bonheur.

ARLEQUIN.

Ma mie, vous me gagnez le cœur, conseillez-moi dans ma peine, avisons-nous, quelle est votre pensée ? Car je n'ai point d'esprit moi quand je suis fâché ; il faut que j'aime Sylvia, il faut que je vous garde, il ne faut pas que mon amour pâtisse de notre amitié, ni notre amitié de mon amour, & me voila bien embarassé.

FLAMINIA.

Et moi bien malheureuse ; depuis que j'ai perdu mon amant je n'ai eu de repos qu'en votre compagnie, je respire avec vous, vous lui ressemblez tant, que je crois quel-

quefois lui parler ; je n'ai vû dans le monde
Que vous & lui de si aimables.

ARLEQUIN.

Pauvre fille ! il est fâcheux que j'aime Sylvia, sans cela je vous donnerois de bon cœur la ressemblance de votre amant. C'étoit donc un joli garçon ?

FLAMINIA.

Ne vous ai-je pas dit qu'il étoit fait comme vous, que vous êtes son portrait ?

ARLEQUIN.

Eh vous l'aimiez donc beaucoup ?

FLAMINIA.

Regardez-vous, Arlequin, voyez combien vous meritez d'être aimé, & vous verrez combien je l'aimois.

ARLEQUIN.

Je n'ai vû personne répondre si doucement que vous, votre amitié se met partout ; je n'aurois jamais crû être si joli que vous le dites : mais puisque vous aimiez tant ma copie, il faut bien croire que l'original merite quelque chose.

FLAMINIA.

Je crois que vous m'auriez encore plû davantage : mais je n'aurois pas été assez belle pour vous.

ARLEQUIN *avec feu.*

Par la sambille je vous trouve charmante avec cette pensée-là.

FLAMINIA.

Vous me troublez, il faut que je vous quitte, je n'ai que trop de peine à m'arracher d'auprés de vous : mais où cela nous conduiroit-il ? Adieu, Arlequin, je vous verrai toujours si on me le permet, je ne sçai où je suis.

ARLEQUIN.

Je suis tout de même.

FLAMINIA.

J'ai trop de plaisir à vous voir.

ARLEQUIN.

Je ne vous refuse pas ce plaisir-là moi, regardez-moi à votre aise, je vous rendrai la pareille.

FLAMINIA *s'en allant.*

Je n'oserois : adieu.

ARLEQUIN *seul.*

Ce pays-ci n'est pas digne d'avoir cette fille-là ; si par quelque malheur Sylvia venoit à manquer, dans mon desespoir je crois que je me retirerois avec elle.

SCENE V.

TRIVELIN *arrive avec un Seigneur, qui vient deriere lui,* ARLEQUIN.

TRIVELIN.

SEigneur Arlequin, n'y a-t-il point de risque à reparoître ? n'est-ce point compromettre mes épaules ? car vous jouez merveilleusement de votre épée de bois.

ARLEQUIN.

Je serai bon, quand vous serez sage.

TRIVELIN.

Voila un Seigneur qui demande à vous parler.

Le Seigneur approche & fait des reverences, qu'Arlequin lui rend.

ARLEQUIN *à part.*

J'ai vû cet homme-là quelque part.

LE SEIGNEUR.

Je viens vous demander une grace ; mais ne vous incommodai-je point, Monsieur Arlequin ?

ARLEQUIN.

Non, Monsieur, vous ne me faites ni bien ni mal, en verité. *Et voyant le Seigneur qui se couvre.* Vous n'avez seulement qu'à me dire ſi je dois auſſi mettre mon chapeau.

LE SEIGNEUR.

De quelque façon que vous ſoyez, vous me ferez honneur.

ARLEQUIN *ſe couvrant.*

Je vous crois, puiſque vous le dites; que ſouhaite de moi votre Seigneurie? mais ne me faites point de complimens, ce ſeroit autant de perdu, car je n'en ſçai point rendre.

LE SEIGNEUR.

Ce ne ſont point des complimens, mais des témoignages d'eſtime.

ARLEQUIN.

Galbanum que tout cela, votre viſage ne m'eſt point nouveau, Monſieur; je vous ai vû quelque part à la chaſſe, où vous jouiez de la trompette; je vous ai ôté mon chapeau en paſſant, & vous me devez ce coup de chapeau-là.

LE SEIGNEUR.

Quoi, je ne vous ſaluai point?

ARLEQUIN.

Pas un brin.

LE SEIGNEUR.

Je ne m'apperçûs donc pas de votre honnêteté?

ARLEQUIN.

Oh que ſi, mais vous n'aviez pas de grace à me demander, voila pourquoi je perdis mon étalage.

LE SEIGNEUR.

Je ne me reconnois point à cela.

ARLEQUIN.

Ma foi, vous n'y perdez rien ; mais que vous plaît-il ?

LE SEIGNEUR.

Je compte sur votre bon cœur ; voici ce que c'est, j'ai eu le malheur de parler cavalierement de vous devant le Prince.

ARLEQUIN.

Vous n'avez encore qu'à ne vous pas reconnoître à cela ?

LE SEIGNEUR.

Oui ; mais le Prince s'est fâché contre moi.

ARLEQUIN.

Il n'aime donc pas les medisans ?

LE SEIGNEUR.

Vous le voyez bien.

ARLEQUIN.

Oh, oh, voila qui me plaît, c'est un honnête homme, s'il me ne retenoit pas ma maîtresse, je serois fort content de lui, & que vous a-t-il dit, que vous étiez un malappris ?

LE SEIGNEUR.

Oui.

ARLEQUIN.

Cela est très-raisonnable, de quoi vous plaignez-vous ?

LE SEIGNEUR.

Ce n'eſt pas là tout ; Arlequin, m'a-t-il répondu, eſt un garçon d'honneur, je veux qu'on l'honore, puiſque je l'eſtime ; la franchiſe & la ſimplicité de ſon caractere, ſont des qualitez que je voudrois que vous euſſiez tous, je nuis à ſon amour, & je ſuis au deſeſpoir que le mien m'y force.

ARLEQUIN *attendri.*

Par la morbleu, je ſuis ſon ſerviteur ; franchement, je fais cas de lui, & je croyois être plus en colere contre lui que je ne le ſuis.

LE SEIGNEUR.

Enſuite il m'a dit de me retirer, mes amis là-deſſus ont tâché de le fléchir pour moi.

ARLEQUIN.

Quand ces amis-là s'en iroient auſſi avec vous, il n'y auroit pas grand mal ; car dis-moi qui tu hantes, & je te dirai qui tu es.

LE SEIGNEUR.

Il s'eſt auſſi fâché contr'eux.

ARLEQUIN.

Que le Ciel beniſſe cet homme de bien, il a vuidé là ſa maiſon d'une mauvaiſe graine de gens.

LE SEIGNEUR.

Et nous ne pouvons reparoître tous qu'à condition que vous demandiez notre grace.

ARLEQUIN.

Par ma foi, Meſſieurs, allez où il vous

plaira, je vous ſouhaite un bon voyage.

LE SEIGNEUR.

Quoi, vous refuſerez de prier pour moi? ſi vous n'y conſentiez pas ma fortune ſeroit ruinée; à preſent qu'il ne m'eſt plus permis de voir le Prince, que ferois-je à la Cour? il faudra que je m'en aille dans mes terres, car je ſuis comme éxilé.

ARLEQUIN.

Comment, être éxilé, ce n'eſt donc point vous faire d'autre mal, que de vous envoyer manger votre bien chez vous?

LE SEIGNEUR.

Vraiment non, voila ce que c'eſt.

ARLEQUIN.

Et vous vivrez là paix & aiſe, vous ferez vos quatre repas comme à l'ordinaire?

LE SEIGNEUR.

Sans doute, qu'y a-t-il d'étrange à cela?

ARLEQUIN.

Ne me trompez-vous pas? eſt-il ſûr qu'on eſt éxilé quand on médit?

LE SEIGNEUR.

Cela arrive aſſez ſouvent.

ARLEQUIN *ſaute d'aiſe.*

Allons, voila qui eſt fait, je m'en vais médire du premier venu, & j'avertirai Sylvia & Flaminia d'en faire autant.

LE SEIGNEUR.

Eh la raiſon de cela?

ARLEQUIN.

Parce que je veux aller en exil moi ; de la maniere dont on punit les gens ici, je vais gager qu'il y a plus de gain à être puni que recompensé.

LE SEIGNEUR.

Quoy qu'il en soit, épargnez-moi cette punition-là, je vous prie ; d'ailleurs ce que j'ai dit de vous n'est pas grande chose.

ARLEQUIN.

Qu'est-ce que c'est ?

LE SEIGNEUR.

Une bagatelle, vous dis-je.

ARLEQUIN.

Mais voyons.

LE SEIGNEUR.

J'ai dit que vous aviez l'air d'un homme ingenu, sans malice, là d'un garçon de bonne foi.

ARLEQUIN *rit de tout son cœur.*

L'air d'un innocent, pour parler à la franquette : mais qu'est-ce que cela fait ? Moi j'ai l'air d'un innocent, vous vous avez l'air d'un homme d'esprit ; eh bien à cause de cela faut-il s'en fier à notre air ? N'avez-vous rien dit que cela ?

LE SEIGNEUR.

Non, j'ai ajouté seulement que vous donniez la comedie à ceux qui vous parloient.

ARLEQUIN.

Pardi, il faut bien vous donner votre revanche à vous autres. Voila donc toute votre faute ?

LE SEIGNEUR.

Oui.

ARLEQUIN.

C'est se moquer, vous ne meritez pas d'être exilé, vous avez cette bonne fortune-là pour rien.

LE SEIGNEUR.

N'importe, empêchez que je ne le sois ; un homme comme moi ne peut demeurer qu'à la Cour, il n'est en consideration, il n'est en état de pouvoir se vanger de ses envieux qu'autant qu'il se rend agreable au Prince, & qu'il cultive l'amitié de ceux qui gouvernent les affaires.

ARLEQUIN.

J'aimerois mieux cultiver un bon champ, cela rapporte toujours peu ou prou, & je me doute que l'amitié de ces gens-là n'est pas aisée à avoir ni à garder.

LE SEIGNEUR.

Vous avez raison dans le fond, ils ont quelquefois des caprices fâcheux : mais on n'oseroit s'en ressentir, on les ménage, on est souple avec eux, parce que c'est par leur moyen que vous vous vangez des au-

ARLEQUIN.

Quel trafic ! C'est justement recevoir des coups de bâton d'un côté, pour avoir le privilege d'en donner d'un autre ; voila une drôle de vanité. A vous voir si humbles vous autres, on ne croiroit jamais que vous êtes si glorieux.

LE SEIGNEUR.

Nous sommes élevez là-dedans. Mais écoutez, vous n'aurez point de peine à me remettre en faveur, car vous connoissez bien Flaminia.

ARLEQUIN.

Oui, c'est mon intime.

LE SEIGNEUR.

Le Prince a beaucoup de bienveillance pour elle, elle est la fille d'un de ses Officiers, & je me suis imaginé de lui faire sa fortune, en la mariant à un petit cousin que j'ai à la campagne, que je gouverne & qui est riche. Dites-le au Prince, mon dessein me conciliera ses bonnes graces.

ARLEQUIN.

Oui, mais ce n'est pas là le chemin des miennes ; car je n'aime point qu'on épouse mes amies moi, & vous n'imaginez rien qui vaille avec votre petit cousin.

LE SEIGNEUR.

Je croyois.

ARLEQUIN.

Ne croyez plus.

LE SEIGNEUR.

Je renonce à mon projet.

ARLEQUIN.

N'y manquez pas, je vous promets mon intercession, sans que le petit cousin s'en mêle.

LE SEIGNEUR.

Je vous aurai beaucoup d'obligation, j'attens l'effet de vos promesses : adieu, Monsieur Arlequin.

ARLEQUIN.

Je suis votre serviteur ; diantre je suis en credit, car on fait ce que je veux. Il ne faut rien dire à Flaminia du cousin.

FLAMINIA *arrive.*

Mon cher, je vous amene Sylvia, elle me suit.

ARLEQUIN.

Mon amie, vous deviez bien venir m'avertir plutôt, nous l'aurions attendue en causant ensemble. *Sylvia arrive.*

SCENE VI.

SYLVIA, ARLEQUIN, FLAMINIA.

SYLVIA.

BOn jour, Arlequin, ah que je viens d'essayer un bel habit ! Si vous me voyiez, en verité vous me trouveriez jolie; demandez à Flaminia. Ah, ah! si je portois ces habits-là, les femmes d'ici seroient bien attrapées, elles ne diroient pas que j'ai l'air gauche. Oh que les ouvrieres d'ici sont habiles!

ARLEQUIN.

Ah mamour! elles ne sont pas si habiles que vous êtes bien faite.

SYLVIA.

Si je suis bien faite, Arlequin, vous n'êtes pas moins honnête.

FLAMINIA.

Du moins ai-je le plaisir de vous voir un peu plus contens à present.

SYLVIA.

Eh Dame, puis qu'on ne nous gêne plus, j'aime autant être ici qu'ailleurs; qu'est-ce que cela fait d'être là ou là? on s'aime partout.

ARLEQUIN.

Comment nous gêner! on envoye les gens me demander pardon pour la moindre impertinence qu'ils disent de moi.

SYLVIA *d'un air content.*

J'attens une Dame aussi moi qui viendra devant moi se repentir de ne m'avoir pas trouvée belle.

FLAMINIA.

Si quelqu'un vous fâche dorénavant, vous n'avez qu'à m'en avertir.

ARLEQUIN.

Pour cela, Flaminia nous aime comme si nous étions fréres & sœurs. *Il dit cela à Flaminia.* Aussi de notre part c'est queuci, queumi.

SYLVIA.

Devinez, Arlequin, qui j'ai encore rencontré ici, mon amoureux qui venoit me voir chez nous, ce grand Monsieur si bien tourné; je veux que vous soyez amis ensemble, car il a bon cœur aussi.

ARLEQUIN *d'un air negligent.*

A la bonne heure, je suis de tous bons accords.

SYLVIA.

Aprés tout, quel mal y a-t-il qu'il me trouve à son gré? Prix pour prix, les gens qui nous aiment sont de meilleure compagnie que ceux qui ne se soucient pas de nous, n'est-il pas vrai?

FLAMINIA.

Sans doute.

ARLEQUIN *gayement.*

Mettons encore Flaminia, elle se soucie de nous, & nous serons partie quarrée.

FLAMINIA.

Arlequin, vous me donnez là une marque d'amitié que je n'oublierai point.

ARLEQUIN.

Ah çà puisque nous voila ensemble, allons

allons faire collation, cela amuse.

SYLVIA.

Allez, allez, Arlequin ; à cette heure que nous nous voyons quand nous voulons, ce n'est pas la peine de nous ôter notre liberté à nous-mêmes, ne vous gênez point.

Arlequin fait signe à Flaminia de venir.

FLAMINIA *sur son geste dit.*

Je m'en vais avec vous, aussi bien voila quelqu'un qui entre & qui tiendra compagnie à Sylvia.

SCENE VII.

LISETTE *entre avec quelques femmes pour témoins de ce qu'elle va faire, & qui restent derriere,* SYLVIA.

Lisette fait de grandes reverences.

SYLVIA *d'un air un peu piqué.*

NE faites point tant de reverences, Madame, cela m'exemptera de vous en faire, je m'y prends de si mauvaise grace à votre fantaisie.

LISETTE *d'un ton triste.*

On ne vous trouve que trop de merite.

SYLVIA.

Cela ſe paſſera, ce n'eſt pas moi qui ai envie de plaire telle que vous me voyez; il me fâche aſſez d'être ſi jolie, & que vous ne ſoyez pas aſſez belle.

LISETTE.

Ah quelle ſituation!

SYLVIA.

Vous ſoupirez à cauſe d'une petite villageoiſe, vous êtes bien de loiſir; & où avez-vous mis votre langue de tantôt, Madame? eſt-ce que vous n'avez plus de caquet quand il faut bien dire?

LISETTE.

Je ne puis me reſoudre à parler.

SYLVIA.

Gardez donc le ſilence; car quand vous vous lamenteriez juſqu'à demain, mon viſage n'empirera pas, beau ou laid, il reſtera comme il eſt, qu'eſt-ce que vous me voulez? eſt-ce que vous ne m'avez pas aſſez querellée? Eh bien achevez, prenez-en votre ſuffiſance.

LISETTE.

Epargnez-moi, Mademoiſelle; l'emportement que j'ai eu contre vous a mis toute ma famille dans l'embarras: le Prince m'oblige à venir vous faire une reparation, & je vous prie de la recevoir ſans me railler.

SYLVIA.

Voila qui eſt fini, je ne me moquerai

plus de vous, je sçai bien que l'humilité n'accommode pas les glorieux : mais la rancune donne de la malice. Cependant je plains votre peine, & je vous pardonne : de quoi aussi vous avisiez-vous de me mépriser ?

LISETTE.

J'avois crû m'appercevoir que le Prince avoit quelque inclination pour moi, & je ne croyois pas en être indigne : mais je vois bien que ce n'est pas toujours aux agrémens qu'on se rend.

SYLVIA *d'un ton vif.*

Vous verrez que c'est à la laideur & à la mauvaise façon, à cause qu'on se rend à moi. Comme ces jalouses ont l'esprit tourné !

LISETTE.

Eh bien oui je suis jalouse, il est vrai : mais puisque vous n'aimez pas le Prince, aidez-moi à le remettre dans les dispositions où j'ai crû qu'il étoit pour moi : il est sûr que je ne lui déplaisois pas, & je le guerirai de l'inclination qu'il a pour vous, si vous me laissez faire.

SYLVIA *d'un air piqué.*

Croyez-moi, vous ne le guerirez de rien; mon avis est que cela vous passe.

LISETTE.

Cependant cela me paroît possible ; car enfin je ne suis ni si mal-adroite, ni si desagreable.

SYLVIA.

Tenez, tenez, parlons d'autre chose, vos bonnes qualitez m'ennuyent.

LISETTE.

Vous me répondez d'une étrange maniere! quoi qu'il en soit, avant qu'il soit quelques jours, nous verrons si j'ai si peu de pouvoir.

SYLVIA *vivement.*

Oui, nous verrons des balivernes: pardi, je parlerai au Prince; il n'a pas encore osé me parler lui, à cause que je suis trop fâchée: mais je lui ferai dire qu'il s'enhardisse, seulement pour voir.

LISETTE.

Adieu, Mademoiselle, chacune de nous fera ce qu'elle pourra. J'ai satisfait à ce qu'on exigeoit de moi à votre égard, & je vous prie d'oublier tout ce qui s'est passé entre nous.

SYLVIA *brusquement.*

Marchez, marchez, je ne sçai pas seulement si vous êtes au monde.

SCENE VIII.

SYLVIA, FLAMINIA *arrive.*

FLAMINIA.

QU'avez-vous, Sylvia ? vous êtes bien émûe ?

SYLVIA.

J'ai que je suis en colere ; cette impertinente femme de tantôt est venue pour me demander pardon, & sans faire semblant de rien, voyez la méchanceté, elle m'a encore fâchée, m'a dit que c'étoit à ma laideur qu'on se rendoit, qu'elle étoit plus agreable, plus adroite que moi, qu'elle feroit bien passer l'amour du Prince, qu'elle alloit travailler pour cela, que je verrois, pati, pata ; que sçai-je moi tout ce qu'elle a mis en avant contre mon visage ? Est-ce que je n'ai pas raison d'être piquée ?

FLAMINIA *d'un air vif & d'interêt.*

Ecoutez, si vous ne faites taire tous ces gens-là, il faut vous cacher pour toute votre vie.

SYLVIA.

Je ne manque pas de bonne volonté ;

mais c'eſt Arlequin qui m'embaraſſe.

FLAMINIA.

Eh je vous entens ; voila un amour auſſi mal placé, qui ſe rencontre là auſſi mal à propos qu'on le puiſſe.

SYLVIA.

Oh j'ai toujours eu du guignon dans les rencontres.

FLAMINIA.

Mais ſi Arlequin vous voit ſortir de la Cour & mépriſée, penſez-vous que cela le réjouiſſe ?

SYLVIA.

Il ne m'aimera pas tant, voulez-vous dire ?

FLAMINIA.

Il y a tout à craindre.

SYLVIA.

Vous me faites rêver à une choſe ; ne trouvez-vous pas qu'il eſt un peu negligent depuis que nous ſommes ici, Arlequin ? Il m'a quittée tantôt pour aller gouter, voila une belle excuſe.

FLAMINIA.

Je l'ai remarqué comme vous. Mais ne me trahiſſez pas au moins, nous nous parlons de fille à fille ; dites-moi, aprés tout, l'aimez-vous tant ce garçon ?

SYLVIA *d'un air indifferent.*

Mais vraiment oui je l'aime, il le faut bien.

FLAMINIA.

Voulez-vous que je vous dise ? Vous me paroissez mal assortis ensemble. Vous avez du goût, de l'esprit, l'air fin & distingué ; lui il a l'air pesant, les manieres grossieres, cela ne quadre point, & je ne comprens pas comment vous l'avez aimé ; je vous dirai même que cela vous fait tort.

SYLVIA.

Mettez-vous à ma place : c'étoit le garçon le plus passable de nos cantons, il demeuroit dans mon village, il étoit mon voisin ; il est assez facetieux, je suis de bonne humeur, il me faisoit quelquefois rire, il me suivoit partout, il m'aimoit, j'avois coûtume de le voir, & de coûtume en coûtume je l'ai aimé aussi faute de mieux: mais j'ai toujours bien vû qu'il étoit enclin au vin & à la gourmandise.

FLAMINIA.

Voila de jolies vertus, surtout dans l'amant de l'aimable & tendre Sylvia ! Mais à quoi vous determinez-vous donc ?

SYLVIA.

Je ne puis que dire ; il me passe tant de oui & de non par la tête, que je ne sçai auquel entendre. D'un côté Arlequin est un petit negligent qui ne songe ici qu'à manger ; d'un autre côté, si on me renvoye, ces glorieuses de femmes feront accroire partout qu'on m'aura dit : Va-t-en, tu n'es pas assez jolie ; d'un autre côté, ce Monsieur que j'ai retrouvé ici...

FLAMINIA.

Quoi ?

SYLVIA.

Je vous le dis en secret, je ne sçai ce qu'il m'a fait depuis que je l'ai revû : mais il m'a toujours paru si doux, il m'a dit des choses si tendres, m'a conté son amour d'un air si poli, si humble, que j'en ai une veritable pitié, & cette pitié-là m'empêche encore d'être la maîtresse de moi.

FLAMINIA.

L'aimez-vous ?

SYLVIA.

Je ne crois pas, car je dois aimer Arlequin.

FLAMINIA.

C'est un homme aimable.

SYLVIA.

Je le sens bien.

FLAMINIA.

Si vous negligiez de vous vanger pour l'épouser, je vous le pardonnerois, voila la verité.

SYLVIA.

Si Arlequin se marioit à une autre fille que moi, à la bonne heure ; je serois en droit de lui dire : Tu m'as quittée, je te quitte, je prens ma revanche : mais il n'y a rien à faire, qui est-ce qui voudroit d'Arlequin ici, rude & bourru comme il est ?

FLAMINIA.

Il n'y a pas presse entre nous : pour moi j'ai toujours eu dessein de passer ma vie aux champs, Arlequin est grossier, je ne l'aime point, mais je ne le hais pas ; & dans les sentimens où je suis, s'il vouloit, je vous en débarasserois volontiers pour vous faire plaisir.

SYLVIA.

Mais mon plaisir où est-il ? Il n'est ni là ni là, je le cherche.

FLAMINIA.

Vous verrez le Prince aujourd'hui ; voici ce Cavalier qui vous plaît, tâchez de prendre votre parti. Adieu, nous nous retrouverons tantôt.

SCENE IX.

SYLVIA, LE PRINCE *qui entre.*

SYLVIA.

VOus venez ? Vous allez encore me dire que vous m'aimez, pour me mettre davantage en peine.

LE PRINCE.

Je venois voir si la Dame qui vous a

fait inſulte s'étoit bien acquittée de ſon devoir : quant à moi, belle Sylvia, quand mon amour vous fatiguera, quand je vous déplairez moi-même, vous n'avez qu'à m'ordonner de me taire & de me retirer ; je me tairai, j'irai où vous voudrez, & je ſouffrirai ſans me plaindre, reſolu de vous obéir en tout.

SYLVIA.

Ne voila-t-il pas ? ne l'ai-je pas bien dit ? Comment voulez-vous que je vous renvoye ? Vous vous tairez, s'il me plaît ; vous vous en irez, s'il me plaît ; vous n'oſerez pas vous plaindre, vous m'obéirez en tout. C'eſt bien là le moyen de faire que je vous commande quelque choſe.

LE PRINCE.

Mais que puis-je mieux que de vous rendre maîtreſſe de mon ſort ?

SYLVIA.

Qu'eſt-ce que cela avance ? vous rendrai-je malheureux ? en aurai-je le courage ? Si je vous dis, allez-vous en, vous croirez que je vous hais ; ſi je vous dis de vous taire, vous croirez que je ne me ſoucie pas de vous ; & toutes ces croyances-là ne ſeront pas vraies, elles vous affligeront, en ſerai-je plus à mon aiſe aprés ?

LE PRINCE.

Que voulez-vous donc que je devienne, belle Sylvia ?

SYLVIA.

Oh ce que je veux, j'attens qu'on me le dise, j'en suis encore plus ignorante que vous ; voila Arlequin qui m'aime, voila le Prince qui demande mon cœur, voila vous qui meriteriez de l'avoir, voila ces femmes qui m'injurient, & que je voudrois punir, voila que j'aurai un affront si je n'épouse pas le Prince : Arlequin m'inquiete, vous me donnez du souci, vous m'aimez trop, je voudrois ne vous avoir jamais connu, & je suis bien malheureuse d'avoir tout ce tracas-là dans la tête.

LE PRINCE.

Vos discours me penetrent, Sylvia, vous êtes trop touchée de ma douleur, ma tendresse toute grande qu'elle est ne vaut pas le chagrin que vous avez de ne pouvoir m'aimer.

SYLVIA.

Je pourrois bien vous aimer, cela ne seroit pas difficile, si je voulois.

LE PRINCE.

Souffrez donc que je m'afflige, & ne m'empêchez pas de vons regretter toujours.

SYLVIA *comme impatiente.*

Je vous en avertis, je ne sçaurois supporter de vous voir si tendre, il semble que vous le fassiez exprés, y a t-il de la raison à cela ? pardi j'aurois moins de mal à vous aimer tout à fait qu'à être comme je suis ; pour moi je laisserai tout là, voila ce que vous gagnerez.

LE PRINCE.

Je ne veux donc plus vous être à charge, vous souhaitez que je vous quitte, & je ne dois pas resister aux volontez d'une personne si chere. Adieu, Sylvia.

SYLVIA *vivement.*

Adieu, Sylvia ! je vous querellerois volontiers ; où allez-vous ? restez là, c'est ma volonté, je la sçai mieux que vous peut-être.

LE PRINCE.

J'ai crû vous obliger.

SYLVIA.

Quel train que tout cela ! que faire d'Arlequin ? encore si c'étoit vous qui fût le Prince.

LE PRINCE *d'un air émû.*

Eh quand je le serois ?

SYLVIA.

Cela seroit different, parce que je dirois à Arlequin que vous pretendriez être le maître, ce seroit mon excuse : mais il n'y a que pour vous que je voudrois prendre cette excuse-là.

LE PRINCE *à part les premiers mots.*

Quelle est aimable ! Il est temps de dire qui je suis.

SYLVIA.

Qu'avez-vous ? est-ce que je vous fâche ? Ce n'est pas à cause de la Principauté que je voudrois que vous fussiez Prince, c'est seulement à cause de vous tout seul ; & si vous l'étiez, Arlequin ne sçauroit pas que je vous prendrois par amour, voila ma raison. Mais non, aprés tout, il vaut mieux que vous ne soyez pas le maître, cela me tenteroit trop, & quand vous le seriez, tenez, je ne pourrois me resoudre à être une infidelle, voila qui est fini.

LE PRINCE *à part les premiers mots.*

Differons encore de l'instruire ; Sylvia, conservez-moi seulement les bontez que vous avez pour moi. Le Prince vous a fait preparer un Spectacle, permettez que je vous y accompagne, & que je profite de toutes les occasions d'être avec vous ; aprés la fête vous verrez le Prince, & je suis chargé de vous dire que vous serez libre de vous retirer, si votre cœur ne vous dit rien pour lui.

SYLVIA.

Oh il ne me dira pas un mot, c'est tout comme si j'étois partie : mais quand je serai chez nous, vous y viendrez ; eh que ſçait-on ce qui peut arriver ? peut être que vous m'aurez. Allons-nous-en toujours, de peur qu'Arlequin ne vienne.

Fin du ſecond Acte.

ACTE III.

SCENE PREMIERE.

LE PRINCE, FLAMINIA.

FLAMINIA.

OUi, Seigneur, vous avez fort bien fait de ne pas vous découvrir tantôt, malgré tout ce que Sylvia vous a dit de tendre ; ce retardement ne gâte rien, & lui laisse le temps de se confirmer dans le penchant qu'elle a pour vous : graces au Ciel vous voila presque arrivé où vous le souhaitiez.

LE PRINCE.

Ah, Flaminia, qu'elle est aimable !

FLAMINIA.

Elle l'est infiniment.

LE PRINCE.

Je ne connois rien comme elle ; parmi les gens du monde, quand une maîtresse à force d'amour nous dit clairement, je vous aime, cela fait assurément un grand plaisir.

Eh bien, Flaminia, ce plaisir-là imaginez-vous qu'il n'est que fadeur, qu'il n'est qu'ennui, en comparaison du plaisir que m'ont donné les discours de Sylvia, qui ne m'a pourtant point dit, je vous aime.

FLAMINIA.

Mais, Seigneur, oserois-je vous prier de m'en repeter quelque chose?

LE PRINCE.

Cela est impossible, je suis ravi, je suis enchanté, je ne peux pas vous repeter cela autrement.

FLAMINIA.

Je presume beaucoup du rapport singulier que vous m'en faites.

LE PRINCE.

Si vous sçaviez combien, dit-elle, elle est affligée de ne pouvoir m'aimer, parce que cela me rend malheureux & qu'elle doit être fidelle à Arlequin! j'ai vû le moment où elle alloit me dire: Ne m'aimez plus, je vous prie, parce que vous seriez cause que je vous aimerois aussi.

FLAMINIA.

Bon, cela vaut mieux qu'un aveu.

LE PRINCE.

Non, je le dis encore, il n'y a que l'amour de Sylvia qui soit veritablement de l'amour; les autres femmes qui aiment ont l'esprit cultivé, elles ont une certaine education, un certain usage, & tout cela chez elles

elles falsifie la nature ; ici c'est le cœur tout pur qui me parle, comme ses sentimens viennent, il les montre, sa naïveté en fait tout l'art, & sa pudeur toute la decence : vous m'avouerez que cela est charmant, tout ce qui la retient à present, c'est qu'elle se fait un scrupule de m'aimer sans l'aveu d'Arlequin. Ainsi, Flaminia, hâtez-vous, sera-t-il bientôt gagné Arlequin ? vous sçavez que je ne dois ni ne veux le traiter avec violence. Que dit-il ?

FLAMINIA.

A vous dire le vrai, Seigneur, je le crois tout à fait amoureux de moi, mais il n'en sçait rien ; comme il ne m'appelle encore que sa chere amie, il vit sur la bonne foi de ce nom qu'il me donne, & prend toujours de l'amour à bon compte.

LE PRINCE.

Fort bien.

FLAMINIA.

Oh dans la premiere conversation je l'instruirai de l'état de ses petites affaires avec moi, & ce penchant qui est *incognito* chez lui, & que je lui ferai sentir par un autre stratagême, la douceur avec laquelle vous lui parlerez, comme nous en sommes convenus, tout cela, je pense, va vous tirer d'inquietude, & terminer mes travaux, dont je sortirai, Seigneur, victorieuse & vaincue.

LE PRINCE.

Comment donc ?

FLAMINIA.

C'est une petite bagatelle qui ne merite pas de vous être dite ; c'est que j'ai pris du goût pour Arlequin, seulement pour me desennuyer dans le cours de notre intrigue. Mais retirons-nous, & rejoignez Sylvia ; il ne faut pas qu'Arlequin vous voye encore, & je le vois qui vient.

Ils se retirent tous deux.

SCENE II.

TRIVELIN, ARLEQUIN *entre d'un air un peu sombre.*

TRIVELIN *aprés quelque temps.*

EH bien que voulez-vous que je fasse de l'écritoire & du papier que vous m'avez fait prendre ?

ARLEQUIN

Donnez-vous patience, mon domestique.

TRIVELIN.

Tant qu'il vous plaira.

ARLEQUIN.

Dites-moi, qui est-ce qui me nourrit ici ?

TRIVELIN.

C'eſt le Prince.

ARLEQUIN.

Par la ſambille la bonne chere que je fais me donne des ſcrupules.

TRIVELIN.

D'où vient donc ?

ARLEQUIN.

Mardi j'ai peur d'être en penſion ſans le ſçavoir.

TRIVELIN *riant.*

Ha, ha, ha, ha.

ARLEQUIN.

De quoi riez-vous, grand benêt ?

TRIVELIN.

Je ris de votre idée, qui eſt plaiſante ; allez, allez, Seigneur Arlequin, mangez en toute ſûreté de conſcience, & bûvez de même.

ARLEQUIN.

Dame, je prends mes repas dans la bonne foi ; il me ſeroit bien rude de me voir un jour apporter le memoire de ma dépenſe : mais je vous crois, dites-moi à preſent comment s'appelle celui qui rend compte au Prince de ſes affaires ?

TRIVELIN.

Son Secretaire d'Etat, voulez-vous dire.

ARLEQUIN.

Oui, j'ai deſſein de lui faire un écrit, pour le prier d'avertir le Prince que je m'ennuye, & lui demander quand il veut finir avec nous, car mon pere eſt tout ſeul.

TRIVELIN.

Eh bien !

ARLEQUIN.

Si on veut me garder, il faut lui envoyer une carriole afin qu'il vienne.

TRIVELIN.

Vous n'avez qu'à parler, la carriole partira ſur le champ.

ARLEQUIN.

Il faut aprés cela qu'on nous marie Sylvia & moi, & qu'on m'ouvre la porte de la maiſon ; car j'ai accoûtumé de troter partout, & d'avoir la clef des champs moi. Enſuite nous tiendrons ici ménage avec l'amie Flaminia, qui ne veut pas nous quitter à cauſe de ſon affection pour nous ; & ſi le Prince a toujours bonne envie de nous regaler, ce que je mangerai me profitera davantage.

TRIVELIN.

Mais, Seigneur Arlequin, il n'eſt pas beſoin de mêler Flaminia là-dedans.

ARLEQUIN

Cela me plaît à moi.

TRIVELIN *d'un air mécontent.*

Hum.

ARLEQUIN *le contrefaiſant.*

Hum. Le mauvais valet ! allons vîte, tirez votre plume, & grifonnez-moi mon écriture.

TRIVELIN *se mettant en état.*

Dictez.

ARLEQUIN.

Monsieur.

TRIVELIN.

Alte là, dites Monseigneur.

ARLEQUIN.

Mettez les deux, afin qu'il choisisse.

TRIVELIN.

Fort bien.

ARLEQUIN.

Vous sçaurez que je m'appelle Arlequin.

TRIVELIN.

Doucement. Vous devez dire, Votre Grandeur sçaura.

ARLEQUIN.

Votre Grandeur sçaura. C'est donc un geant ce Secretaire d'Etat ?

TRIVELIN.

Non, mais n'importe.

ARLEQUIN.

Quel diantre de galimatias ! qui a jamais entendu dire qu'on s'adresse à la taille d'un homme quand on a affaire à lui ?

TRIVELIN *écrivant.*

Je mettrai comme il vous plaira. Vous sçaurez que je m'appelle Arlequin. Aprés ?

ARLEQUIN.

Que j'ai une maîtresse qui s'appelle Sylvia, bourgeoise de mon village, & fille d'honneur.

TRIVELIN *écrivant.*

Courage.

ARLEQUIN.

Avec une bonne amie que j'ai faite depuis peu, qui ne sçauroit se passer de nous, ni nous d'elle : ainsi aussitôt la presente reçûe.

TRIVELIN *s'arrêtant comme affligé.*

Flaminia ne sçauroit se passer de vous ? ahi ! la plume me tombe des mains.

ARLEQUIN

Oh, oh ! que signifie donc cette impertinente pâmoison-là ?

TRIVELIN.

Il y a deux ans, Seigneur Arlequin, il y a deux ans que je soupire en secret pour elle.

ARLEQUIN *tirant sa late.*

Cela est fâcheux, mon mignon : mais en attendant qu'elle en soit informée, je vais toujours vous en faire quelques remerciemens pour elle.

TRIVELIN.

Des remerciemens à coups de bâton ! je ne suis pas friand de ces complimens-là. Eh que vous importe que je l'aime ? vous n'avez que de l'amitié pour elle, & l'amitié ne rend point jaloux.

ARLEQUIN.

Vous vous trompez, mon amitié fait tout comme l'amour, en voila des preuves.

Il le bat. Trivelin s'enfuit en disant.

TRIVELIN.

Oh diable soit de l'amitié.

SCENE III.

FLAMINIA *arrive*, TRIVELIN *sort*.

FLAMINIA *à Arlequin*.

QU'est-ce que c'est ? qu'avez-vous, Arlequin ?

ARLEQUIN.

Bon jour, ma mie, c'est ce faquin qui dit qu'il vous aime depuis deux ans.

FLAMINIA.

Cela se peut bien.

ARLEQUIN.

Et vous, ma mie, que dites-vous de cela ?

FLAMINIA.

Que c'est tant-pis pour lui.

ARLEQUIN.

Tout de bon ?

FLAMINIA.

Sans doute : mais eſt-ce que vous ſeriez fâché que l'on m'aimât ?

ARLEQUIN.

Helas ! vous êtes votre maîtreſſe : mais ſi vous aviez un amant, vous l'aimeriez peut-être ; cela gâteroit la bonne amitié que vous me portez, & vous m'en feriez ma part plus petite : oh de cette part-là je n'en voudrois rien perdre.

FLAMINIA *d'un air doux.*

Arlequin, ſçavez-vous bien que vous ne ménagez pas mon cœur ?

ARLEQUIN.

Moi ! eh quel mal lui fais-je donc ?

FLAMINIA.

Si vous continuez de me parler toujours de même, je ne ſçaurai plus bientôt de quelle eſpece ſeront mes ſentimens pour vous : en verité je n'oſe m'examiner là-deſſus, j'ai peur de trouver plus que je ne veux.

ARLEQUIN.

C'eſt bien fait, n'examinez jamais, Flaminia, cela ſera ce que cela pourra ; au reſte, croyez-moi, ne prenez point d'amant : j'ai une maîtreſſe, je la garde, ſi je n'en avois point, je n'en chercherois pas, qu'en ferois-je avec vous ? elle m'ennuyeroit.

FLAMINIA.

Elle vous ennuyeroit ! le moyen après

tout ce que vous dites de rester votre amie ?

ARLEQUIN.

Eh que serez-vous donc ?

FLAMINIA.

Ne me le demandez pas, je n'en veux rien sçavoir ; ce qui est de sûr, c'est que dans le monde je n'aime plus que vous, vous n'en pouvez pas dire autant, Sylvia va devant moi, comme de raison.

ARLEQUIN.

Chut, vous allez de compagnie ensemble.

FLAMINIA.

Je vais vous l'envoyer si je la trouve Sylvia, en serez-vous bien aise ?

ARLEQUIN.

Comme vous voudrez : mais il ne faut pas l'envoyer, il faut venir toutes deux.

FLAMINIA

Je ne pourrai pas ; car le Prince m'a mandée, & je vais voir ce qu'il me veut. Adieu, Arlequin, je serai bientôt de retour.

En sortant elle sourit à celui qui entre.

SCENE IV.

LE SEIGNEUR *du deuxiéme Acte entre avec des Lettres de Noblesse.*

ARLEQUIN *le voyant.*

VOila mon homme de tantôt ; ma foi, Monsieur le médisant, car je ne sçai point votre autre nom, je n'ai rien dit de vous au Prince, par la raison que je ne l'ai point vû.

LE SEIGNEUR.

Je vous suis obligé de votre bonne volonté, Seigneur Arlequin : mais je suis sorti d'embarras, & rentré dans les bonnes graces du Prince, sur l'assurance que je lui ai donnée que vous lui parleriez pour moi : j'espere qu'à votre tour vous me tiendrez parole.

ARLEQUIN.

Oh quoique je paroisse un innocent, je suis homme d'honneur.

LE SEIGNEUR.

De grace, ne vous ressouvenez plus de rien, & reconciliez-vous avec moi, en faveur du present que je vous apporte de la part du Prince ; c'est de tous les presens le plus grand qu'on puisse vous faire.

ARLEQUIN.

Est-ce Sylvia que vous m'apportez ?

LE SEIGNEUR.

Non, le present dont il s'agit est dans ma poche ; ce sont des Lettres de Noblesse dont le Prince vous gratifie comme parent de Sylvia, car on dit que vous l'êtes un peu.

ARLEQUIN.

Pas un brin, remportez cela ; car si je le prenois, ce seroit friponner la gratification.

LE SEIGNEUR.

Acceptez toujours, qu'importe ? Vous ferez plaisir au Prince ; refuseriez-vous ce qui fait l'ambition de tous les gens de cœur ?

ARLEQUIN.

J'ai pourtant bon cœur aussi ; pour de l'ambition, j'en ai bien entendu parler, mais je ne l'ai jamais vûe, & j'en ai peut-être sans le sçavoir.

LE SEIGNEUR.

Si vous n'en avez pas, cela vous en donnera.

ARLEQUIN.

Qu'est-ce que c'est donc ?

LE SEIGNEUR *à part les premiers mots.*

En voila bien d'un autre : l'ambition c'est un noble orgueil de s'élever.

ARLEQUIN.

Un orgueil qui est noble ! donnez-vous comme cela de jolis noms à toutes les sotises, vous autres ?

LE SEIGNEUR.

Vous ne me comprenez pas ; cet orgueil ne signifie là qu'un desir de gloire.

ARLEQUIN.

Par ma foi sa signification ne vaut pas mieux que lui ; c'est bonnet blanc, & blanc bonnet.

LE SEIGNEUR.

Prenez, vous dis-je, ne serez-vous pas bien aise d'être Gentilhomme ?

ARLEQUIN.

Eh je n'en serois ni bien aise, ni fâché ; c'est suivant la fantaisie qu'on a.

LE SEIGNEUR.

Vous y trouverez de l'avantage, vous en serez plus respecté & plus craint de vos voisins.

ARLEQUIN.

J'ai opinion que cela les empêcheroit de m'aimer de bon cœur ; car quand je respecte les gens moi & que je les crains, je ne les aime pas de si bon courage, je ne sçaurois faire tant de choses à la fois.

LE SEIGNEUR.

Vous m'étonnez.

ARLEQUIN.

Voila comme je suis bâti ; d'ailleurs,

voyez-vous, je ſuis le meilleur enfant du monde, je ne fais de mal à perſonne : mais quand je voudrois nuire, je n'en ai pas le pouvoir. Eh bien ſi j'avois ce pouvoir, ſi j'étois Noble, diable emporte, ſi je voudrois gager d'être toujours brave homme : je ferois parfois comme le Gentilhomme de chez nous, qui n'épargne pas les coups de bâton à cauſe qu'on n'oſeroit lui rendre.

LE SEIGNEUR.

Et ſi on vous donnoit ces coups de bâton, ne ſouhaiteriez-vous pas être en état de les rendre ?

ARLEQUIN.

Pour cela je voudrois payer cette dette-là ſur le champ.

LE SEIGNEUR.

Oh comme les hommes ſont quelquefois méchans ! Mettez-vous en état de faire du mal, ſeulement afin qu'on n'oſe pas vous en faire, & pour cet effet prenez vos Lettres de Nobleſſe.

ARLEQUIN *prend les Lettres.*

Têtubleu vous avez raiſon, je ne ſuis qu'une bête, allons, me voila Noble, je garde le parchemin, je ne crains plus que les rats qui pourroient bien gruger ma Nobleſſe : mais j'y mettrai bon ordre. Je vous remercie & le Prince auſſi, car il eſt bien obligeant dans le fond.

LE SEIGNEUR.

Je ſuis charmé de vous voir content ; adieu.

ARLEQUIN.

Je ſuis votre ſerviteur.

Quand le Seigneur a fait dix ou douze pas, Arlequin le rappelle.

Monſieur, Monſieur.

LE SEIGNEUR.

Que me voulez-vous ?

ARLEQUIN.

Ma Nobleſſe m'oblige-t-elle à rien ? car il faut faire ſon devoir dans une Charge.

LE SEIGNEUR.

Elle oblige à être honnête homme.

ARLEQUIN *trés-ſerieuſement.*

Vous aviez donc des exemptions, vous quand vous avez dit du mal de moi ?

LE SEIGNEUR.

N'y ſongez plus, un Gentilhomme doit être genereux.

ARLEQUIN.

Genereux & honnête homme ! vertuchou ces devoirs-là ſont bons ! je les trouve encore plus nobles que mes Lettres de Nobleſſe ; & quand on ne s'en acquitte pas, eſt-on encore Gentilhomme ?

LE SEIGNEUR.

Nullement.

ARLEQUIN.

Diantre il y a donc bien des Nobles qui payent la taille !

LE SEIGNEUR.

Je n'en sçai point le nombre.

ARLEQUIN.

Est-ce là tout ? n'y a-t-il plus d'autre devoir ?

LE SEIGNEUR.

Non : cependant vous, qui suivant toute apparence serez favori du Prince, vous aurez un devoir de plus ; ce sera de meriter cette faveur par toute la soûmission, tout le respect & toute la complaisance possible. A l'égard du reste, comme je vous ai dit, ayez de la vertu, aimez l'honneur plus que la vie, & vous serez dans l'ordre.

ARLEQUIN.

Tout doucement ; ces dernieres obligations-là ne me plaisent pas tant que les autres : premierement, il est bon d'expliquer ce que c'est que cet honneur qu'on doit aimer plus que la vie. Malapeste quel honneur !

LE SEIGNEUR.

Vous approuverez ce que cela veut dire ; c'est qu'il faut se vanger d'une injure, ou perir plutôt que de la souffrir.

ARLEQUIN.

Tout ce que vous m'avez dit n'est donc

qu'un coq-à-l'âne ; car si je suis obligé d'être genereux, il faut que je pardonne aux gens ; si je suis obligé d'être méchant, il faut que je les assomme. Comment donc faire pour tuer le monde & le laisser vivre ?

LE SEIGNEUR.

Vous serez genereux & bon, quand on ne vous insultera pas.

ARLEQUIN.

Je vous entens, il m'est défendu d'être meilleur que les autres ; & si je rends le bien pour le mal, je serai donc un homme sans honneur. Par la mardi la méchanceté n'est pas rare, ce n'étoit pas la peine de la recommander tant. Voila une vilaine invention ! Tenez, accommodons-nous plutôt, quand on me dira une grosse injure, j'en répondrai une autre, si je suis le plus fort : voulez-vous me laisser votre marchandise à ce prix-là ? dites-moi votre dernier mot.

LE SEIGNEUR.

Une injure répondue à une injure ne suffit point, cela ne peut se laver, s'effacer que par le sang de votre ennemi, ou le vôtre.

ARLEQUIN.

Que la tache y reste ! vous parlez du sang comme si c'étoit de l'eau de la riviere. Je vous rends votre paquet de Noblesse, mon honneur

honneur n'est pas fait pour être Noble, il est trop raisonnable pour cela. Bon jour.

LE SEIGNEUR.

Vous n'y songez pas.

ARLEQUIN.

Sans compliment, reprenez votre affaire.

LE SEIGNEUR.

Gardez-la toujours, vous vous ajusterez avec le Prince, on n'y regardera pas de si prés avec vous.

ARLEQUIN *les reprenant.*

Il faudra donc qu'il me signe un contract comme quoi je serai exempt de me faire tuer par mon prochain pour le faire repentir de son impertinence avec moi.

LE SEIGNEUR.

A la bonne heure, vous ferez vos conventions. Adieu, je suis votre serviteur.

ARLEQUIN.

Et moi le vôtre.

SCENE V.

LE PRINCE *arrive*, ARLEQUIN.

ARLEQUIN *le voyant.*

Qui diantre vient encore me rendre visite? Ah c'est celui-là qui est cause qu'on m'a pris Sylvia ! Vous voila donc, Monsieur le babillard, qui allez dire partout que la maîtresse des gens est belle ; ce qui fait qu'on m'a escamoté la mienne.

LE PRINCE.

Point d'injure, Arlequin ?

ARLEQUIN.

Estes-vous Gentilhomme vous ?

LE PRINCE.

Assurément.

ARLEQUIN.

Mardi vous êtes bienheureux ; sans cela je vous dirois de bon cœur ce que vous meritez : mais votre honneur voudroit peut-être faire son devoir, & aprés cela, il faudroit vous tuer pour vous vanger de moi.

LE PRINCE.

Calmez-vous, je vous prie, Arlequin, le Prince m'a donné ordre de vous entretenir.

ARLEQUIN.

Parlez, il vous est libre : mais je n'ai pas ordre de vous écouter moi.

LE PRINCE.

Eh bien prens un esprit plus doux, connois-moi, puis qu'il le faut, c'est ton Prince lui-même qui te parle, & non pas un Officier du Palais, comme tu l'as cru jusqu'ici aussi bien que Sylvia.

ARLEQUIN.

Votre foi.

LE PRINCE.

Tu dois m'en croire.

ARLEQUIN *humblement.*

Excusez, Monseigneur, c'est donc moi qui suis un sot d'avoir été un impertinent avec vous ?

LE PRINCE.

Je te pardonne volontiers.

ARLEQUIN *tristement.*

Puisque vous n'avez pas de rancune contre moi, ne permettez pas que j'en aye contre vous ; je ne suis pas digne d'être fâché contre un Prince, je suis trop petit pour cela : si vous m'affligez, je pleurerai de toute ma force, & puis c'est tout ; cela doit faire compassion à votre puissance, vous ne voudriez pas avoir une Principauté pour le contentement de vous tout seul.

LE PRINCE.

Tu te plains donc bien de moi, Arlequin ?

ARLEQUIN.

Que voulez vous, Monseigneur ? j'ai une fille qui m'aime, vous, vous en avez plein votre maison, & nonobstant vous m'ôtez la mienne ; prenez que je suis pauvre, & que tout mon bien est un liard, vous qui êtes riche de plus de mille écus, vous vous jettez sur ma pauvreté & vous m'arrachez mon liard, cela n'est-il pas bien triste ?

LE PRINCE *à part.*

Il a raison, & ses plaintes me touchent.

ARLEQUIN.

Je sçai bien que vous êtes un bon Prince, tout le monde le dit dans le pays, il n'y aura que moi qui n'aurai pas le plaisir de le dire comme les autres.

LE PRINCE.

Je te prive de Sylvia, il est vrai : mais demande-moi ce que tu voudras, je t'offre tous les biens que tu pourras souhaiter, & laisse-moi cette seule personne que j'aime.

ARLEQUIN.

Ne parlons point de ce marché-là, vous gagneriez trop sur moi ; disons en conscience, si un autre que vous me l'avoit prise, est-ce que vous ne me la feriez pas remettre ? Eh bien personne ne me l'a prise que vous, voyez la belle occasion de montrer que la justice est pour tout le monde.

LE PRINCE.

Que lui répondre ?

ARLEQUIN.

Allons, Monseigneur, dites-vous comme cela : Faut-il que je retienne le bonheur de ce petit homme, parce que j'ai le pouvoir de le garder ? N'est ce pas à moi à être son protecteur, puisque je suis son maître ? S'en ira-t-il sans avoir justice ? n'en aurai-je pas du regret ? qui est-ce qui fera mon office de Prince, si je ne le fais pas? J'ordonne donc que je lui rendrai Sylvia.

LE PRINCE.

Ne changeras-tu jamais de langage? regarde comme j'en agis avec toi, je pourrois te renvoyer, & garder Sylvia sans t'écouter; cependant malgré l'inclination que j'ai pour elle, malgré ton obstination & le peu de respect que tu me montres, je m'interesse à ta douleur, je cherche à la calmer par mes faveurs, je descens jusqu'à te prier de me ceder Sylvia de bonne volonté; tout le monde t'y exhorte, tout le monde te blâme, & te donne un exemple de l'ardeur qu'on a de me plaire; tu es le seul qui resiste, tu dis que je suis ton Prince, marque-le moi donc par un peu de docilité.

ARLEQUIN *toujours triste.*

Eh, Monseigneur, ne vous fiez pas à ces gens qui vous disent que vous avez raison avec moi, car ils vous trompent; vous prenez cela pour argent comptant, & puis vous avez beau être bon, vous avez beau être brave homme, c'est autant de perdu, cela ne vous fait point de profit; sans ces gens-là vous ne me chercheriez point chicane, vous ne diriez pas que je vous manque de respect, parce que je vous represente mon bon droit: allez, vous êtes mon Prince, & je vous aime bien; mais je suis votre sujet, & cela merite quelque chose.

LE PRINCE.

Va, tu me desesperes.

ARLEQUIN.

Que je suis à plaindre!

LE PRINCE.

Faudra-t-il donc que je renonce à Sylvia! le moyen d'en être jamais aimé, si tu ne veux pas m'aider? Arlequin, je t'ai causé du chagrin: mais celui que tu me laisses est plus cruel que le tien.

ARLEQUIN.

Prenez quelque consolation, Monseigneur, promenez-vous, voyagez quelque part, votre douleur se passera dans les chemins.

LE PRINCE.

Non, mon enfant, j'esperois quelque chose de ton cœur pour moi, je t'aurois eu plus d'obligation que je n'en aurai jamais à personne: mais tu me fais tout le mal qu'on peut me faire; va, n'importe, mes bienfaits t'étoient reservez, & ta dureté n'empêchera pas que tu n'en jouisses.

ARLEQUIN.

Ahi, qu'on a de mal dans la vie!

LE PRINCE.

Il est vrai que j'ai tort à ton égard; je me reproche l'action que j'ai faite, c'est une injustice: mais tu n'en es que trop vangé.

ARLEQUIN.

Il faut que je m'en aille, vous êtes trop fâché d'avoir tort, j'aurois peur de vous donner raison.

LE PRINCE.

Non, il est juste que tu sois content; tu souhaites que je te rende justice, sois heureux aux dépens de tout mon repos.

ARLEQUIN.

Vous avez tant de charité pour moi, n'en aurois-je donc pas pour vous?

LE PRINCE *triste.*

Ne t'embarasse pas de moi.

ARLEQUIN.

Que j'ai de souci! le voila desolé.

LE PRINCE *en caressant Arlequin.*

Je te sçai bon gré de la sensibilité où je te vois: adieu, Arlequin, je t'estime malgré tes refus.

ARLEQUIN *laisse faire un ou deux pas au Prince.*

Monseigneur.

LE PRINCE.

Que me veux-tu? me demandes-tu quelque grace?

ARLEQUIN.

Non, je ne suis qu'en peine de sçavoir si je vous accorderai celle que vous voulez.

LE PRINCE.

Il faut avouer que tu as le cœur excellent!

ARLEQUIN.

Et vous aussi, voila ce qui m'ôte le courage : helas que les bonnes gens sont foibles !

LE PRINCE.

J'admire tes sentimens.

ARLEQUIN.

Je le croi bien, je ne vous promets pourtant rien, il y a trop d'embarras dans ma volonté : mais à tout hazard si je vous donnois Sylvia, avez-vous dessein que je sois votre favori ?

LE PRINCE.

Eh qui le seroit donc ?

ARLEQUIN.

C'est qu'on m'a dit que vous aviez coutume d'être flaté ; moi j'ai coutume de dire vrai, & une bonne coutume comme celle-là ne s'accorde pas avec une mavaise ; jamais votre amitié ne sera assez forte pour endurer la mienne.

LE PRINCE.

Nous nous brouillerons ensemble, si tu ne me répons toujours ce que tu penses ; il ne me reste qu'une chose à te dire, Arlequin, souviens-toi que je t'aime, c'est tout ce que je te recommande.

ARLEQUIN.

Flaminia sera-t-elle sa maîtresse ?

LE PRINCE.

Ah ne me parle point de Flaminia, tu n'étois pas capable de me donner tant de chagrins sans elle. *Il s'en va.*

ARLEQUIN

Point du tout, c'est la meilleure fille du monde, vous ne devez point lui vouloir du mal. *Arlequin seul.* Apparemment que mon coquin de valet aura médit de ma bonne amie ; par la mardi il faut que j'aille voir où elle est. Mais moi, que ferai-je à cette heure ? est-ce que je quitterai Sylvia là ? cela se pourra-t-il ? y aura-t-il moyen ? Ma foi non, non assurément ; j'ai un peu fait le nigaud avec le Prince, parce que je suis tendre à la peine d'autrui : mais le Prince est tendre aussi lui, & il ne dira mot.

SCENE VI.

FLAMINIA *arrive d'un air triste*, ARLEQUIN.

ARLEQUIN.

BOn jour Flaminia, j'allois vous chercher.

FLAMINIA *en soupirant.*

Adieu, Arlequin.

ARLEQUIN.

Qu'est-ce que cela veut dire, adieu ?

FLAMINIA.

Trivelin nous a trahis, le Prince a sçû l'intelligence qui est entre nous, il vient de m'ordonner de sortir d'ici, & m'a défendu de vous voir jamais; malgré cela je n'ai pû m'empêcher de venir vous parler encore une fois, ensuite j'irai où je pourrai pour éviter sa colere.

ARLEQUIN *étonné & deconcerté.*

Ah me voila un joli garçon à present!

FLAMINIA.

Je suis au desespoir moi! me voir separée pour jamais d'avec vous, de tout ce que j'avois de plus cher au monde; le temps me presse, je suis forcée de vous quitter: mais avant que de partir, il faut que je vous ouvre mon cœur.

ARLEQUIN *en reprenant son haleine.*

Ahi, qu'est-ce ma mie, qu'a-t-il ce cher cœur?

FLAMINIA.

Ce n'est point de l'amitié que j'avois pour vous, Arlequin, je m'étois trompée.

ARLEQUIN *d'un ton essoufflé.*

C'est donc de l'amour?

FLAMINIA.

Et du plus tendre. Adieu.

ARLEQUIN *la retenant.*

Attendez... je me suis peut-être trompé

aussi moi sur mon compte.

FLAMINIA.

Comment vous vous seriez mépris ? vous m'aimeriez, & nous ne nous verrons plus ? Arlequin, ne m'en dites pas davantage, je m'enfuis.

Elle fait un ou deux pas.

ARLEQUIN.

Restez.

FLAMINIA.

Laissez-moi aller, que ferons-nous ?

ARLEQUIN.

Parlons raison.

FLAMINIA.

Que vous dirai-je ?

ARLEQUIN.

C'est que mon amitié est aussi loin que la votre ; elle est partie, voila que je vous aime, cela est decidé, & je n'y comprens rien. Ouf.

FLAMINIA.

Quelle avanture !

ARLEQUIN.

Je ne suis point marié par bonheur.

FLAMINIA.

Il est vrai.

ARLEQUIN.

Sylvia se mariera avec le Prince, & il sera content.

FLAMINIA.

Je n'en doute point.

ARLEQUIN.

Ensuite, puisque notre cœur s'est mécompté & que nous nous aimons par mégarde, nous prendrons patience, & nous nous accommoderons à l'avenant.

FLAMINIA *d'un ton doux.*

J'entens bien, vous voulez dire que nous nous marierons ensemble.

ARLEQUIN.

Vraiment oui ; est-ce ma faute à moi ? pourquoi ne m'avertissiez-vous pas que vous m'attraperiez & que vous seriez ma maîtresse ?

FLAMINIA.

M'avez-vous avertie que vous deviendriez mon amant ?

ARLEQUIN.

Morbleu le devinois-je ?

FLAMINIA.

Vous étiez assez aimable pour le deviner.

ARLEQUIN.

Ne nous reprochons rien ; s'il ne tient qu'à être aimable, vous avez plus de tort que moi.

FLAMINIA.

Epousez-moi, j'y consens : mais il n'y a point de temps à perdre, & je crains qu'on ne vienne m'ordonner de sortir.

ARLEQUIN *en soupirant.*

Ah je pars pour parler au Prince ; ne dites pas à Sylvia que je vous aime, elle croiroit que je suis dans mon tort, & vous sçavez que je suis innocent; je ne ferai semblant de rien avec elle, je lui dirai que c'est pour sa fortune que je la laisse là.

FLAMINIA.

Fort bien, j'allois vous le conseiller.

ARLEQUIN.

Attendez, & donnez-moi votre main que je la baise... *Aprés avoir baisé sa main.* Qui est-ce qui auroit crû que j'y prendrois tant de plaisir? cela me confond.

SCENE VII.

FLAMINIA, SYLVIA.

FLAMINIA.

En verité le Prince a raison, ces petites personnes-là font l'amour d'une maniere à ne pouvoir y resister. Voici l'autre. A quoi rêvez-vous, belle Sylvia?

SYLVIA.

Je rêve à moi, & je n'y entens rien.

FLAMINIA.

Que trouvez-vous donc en vous de si incomprehensible?

SYLVIA.

Je voulois me vanger de ces femmes,

vous ſçavez bien, cela s'eſt paſſé.

FLAMINIA.

Vous n'êtes gueres vindicative.

SYLVIA.

J'aimois Arlequin, n'eſt ce pas?

FLAMINIA.

Il me le ſembloit.

SYLVIA.

Eh bien je croi que je ne l'aime plus.

FLAMINIA.

Ce n'eſt pas un ſi grand malheur.

SYLVIA.

Quand ce ſeroit un malheur, qu'y ferois-je? lorſque je l'ai aimé, c'étoit un amour qui m'étoit venu; à cette heure que je ne l'aime plus, c'eſt un amour qui s'en eſt en allé; il eſt venu ſans mon avis, il s'en retourne de même, je ne croi pas être blâmable.

FLAMINIA *Les premiers mots à part.*

Rions un moment, je le penſe à peu prés de même.

SYLVIA *vivement.*

Qu'appellez-vous à peu prés? il faut le penſer tout à fait comme moi, parce que cela eſt; voila de mes gens, qui diſent tantôt oui, tantôt non.

FLAMINIA.

Sur quoi vous emportez-vous donc?

SYLVIA.

Je m'emporte à propos ; je vous consulte bonnement, & vous allez me répondre des à peu prés qui me chicanent.

FLAMINIA.

Ne voyez-vous pas bien que je badine & que vous n'êtes que louable ? mais n'est-ce pas cet Officier que vous aimez ?

SYLVIA.

Eh qui donc ? pourtant je n'y consens pas encore à l'aimer : mais à la fin il faudra bien y venir ; car dire toujours non à un homme qui demande toujours oui, le voir triste, toujours se lamentant, toujours le consoler de la peine qu'on lui fait ; Dame cela lasse, il vaut mieux ne lui en plus faire.

FLAMINIA.

Oh vous allez le charmer, il mourra de joie.

SYLVIA.

Il mourroit de tristesse, & c'est encore pis.

FLAMINIA.

Il n'y a pas de comparaison.

SYLVIA.

Je l'attens ; nous avons été plus de deux heures ensemble, & il va revenir pour être avec moi quand le Prince me parlera ; cependant quelquefois j'ai peur qu'Arlequin ne s'afflige trop, qu'en dites-vous ? mais ne me rendez pas scrupuleuse.

FLAMINIA.

Ne vous inquietez pas, on trouvera aisément moyen de l'appaiser.

SYLVIA *avec un petit air d'inquietude.*

De l'appaiser ! diantre il est donc bien facile de m'oublier à ce compte ? est-ce qu'il a fait quelque maîtresse ici ?

FLAMINIA.

Lui vous oublier ! j'aurois donc perdu l'esprit si je vous le disois ; vous serez trop heureuse s'il ne se desespere pas.

SYLVIA.

Vous avez bien affaire de me dire cela ; vous étes cause que je redeviens incertaine avec votre desespoir.

FLAMINIA.

Et s'il ne vous aime plus, que diriez-vous ?

SYLVIA.

S'il ne m'aime plus, vous n'avez qu'à garder votre nouvelle.

FLAMINIA.

Eh bien il vous aime encore, & vous en êtes fâchée ; que vous faut-il donc ?

SYLVIA.

Hom, vous qui riez je voudrois bien vous voir à ma place.

FLAMINIA.

Votre amant vous cherche, croyez-moi, finissez avec lui, sans vous inquieter du reste.

SCENE

SCENE VIII.

SYLVIA, LE PRINCE.

LE PRINCE.

EH quoi, Sylvia, vous ne me regardez pas ? vous devenez triſte toutes les fois que je vous aborde, j'ai toujours le chagrin de penſer que je vous ſuis importun.

SYLVIA.

Bon importun ! je parlois de lui tout à l'heure.

LE PRINCE.

Vous parliez de moi ? & qu'en diſiez-vous, belle Sylvia ?

SYLVIA.

Oh je diſois bien des choſes, je diſois que vous ne ſçaviez pas encore ce que je penſois.

LE PRINCE.

Je ſçai que vous êtes réſolue à me refuſer votre cœur, & c'eſt là ſçavoir ce que vous penſez.

SYLVIA.

Hom vous n'êtes pas ſi ſçavant que vous le croyez, ne vous vantez pas tant : mais dites-moi, vous êtes un honnête homme,

& je ſuis ſûre que vous me direz la verité, vous ſçavez comme je ſuis avec Arlequin ; à preſent prenez que j'aye envie de vous aimer, ſi je contentois mon envie, ferois-je bien ? ferois-je mal ? la conſeillez-moi dans la bonne foi.

LE PRINCE.

Comme on n'eſt pas le maître de ſon cœur, ſi vous aviez envie de m'aimer, vous ſeriez en droit de vous ſatisfaire, voila mon ſentiment.

SYLVIA.

Me parlez-vous en ami ?

LE PRINCE.

Oui, Sylvia, en homme ſincere.

SYLVIA.

C'eſt mon avis auſſi, j'ai decidé de même, & je croi que nous avons raiſon tous deux ; ainſi je vous aimerai s'il me plaît, ſans qu'il y ait le petit mot à dire.

LE PRINCE.

Je n'y gagne rien, car il ne vous plaît point.

SYLVIA.

Ne vous mêlez point de deviner, car je n'ai point de foi à vous. Mais enfin ce Prince, puis qu'il faut que je le voye, quand viendra-t-il ? s'il veut je l'en quitte.

LE PRINCE.

Il ne viendra que trop tôt pour moi ; lorſque vous le connoîtrez, vous ne voudrez peut-être plus de moi.

SYLVIA.

Courage, vous voila dans la crainte à cette heure ; je croi qu'il a juré de n'avoir jamais un moment de bon temps.

LE PRINCE.

Je vous avoue que j'ai peur.

SYLVIA.

Quel homme ! il faut bien que je lui remette l'esprit ; ne tremblez plus, je n'aimerai jamais le Prince, je vous en fais un serment par...

LE PRINCE.

Arrêtez, Sylvia, n'achevez pas votre serment, je vous en conjure.

SYLVIA.

Vous m'empêchez de jurer ! cela est joli, j'en suis bien aise.

LE PRINCE.

Voulez-vous que je vous laisse jurer contre moi ?

SYLVIA.

Contre vous ! est-ce que vous êtes le Prince ?

LE PRINCE.

Oui, Sylvia ; je vous ai jusqu'ici caché mon rang, pour essayer de ne devoir votre tendresse qu'à la mienne : je ne voulois rien perdre du plaisir qu'elle pouvoit me faire, à present que vous me connoissez, vous êtes libre d'accepter ma main & mon cœur, ou de refuser l'un & l'autre ; parlez, Sylvia.

SYLVIA.

Ah mon cher Prince ! j'allois faire un beau serment ; si vous avez cherché le plaisir d'être aimé de moi, vous avez bien trouvé ce que vous cherchiez, vous sçavez que je dis la verité, voila ce qui m'en plaît.

LE PRINCE.

Notre union est donc assurée.

SCENE IX. & derniere.

ARLEQUIN, FLAMINIA, SYLVIA, LE PRINCE.

ARLEQUIN.

J'Ai tout entendu, Sylvia.

SYLVIA.

Eh bien, Arlequin, je n'aurai donc pas la peine de vous le dire ; consolez-vous comme vous pourrez de vous-même, le Prince vous parlera, j'ai le cœur tout entrepris : voyez, accommodez-vous, il n'y a plus de raison à moi, c'est la verité ; qu'est-ce que vous me diriez ? que je vous quitte ; qu'est-ce que je vous répondrois ?

que je le ſçai bien. Prenez que vous l'avez dit, prenez que j'ai répondu, laiſſez-moi aprés, & voila qui ſera fini.

LE PRINCE.

Flaminia, c'eſt à vous que je remets Arlequin; je l'eſtime & je vais le combler de biens : toi, Arlequin, accepte de ma main Flaminia pour épouſe, & ſois pour jamais aſſuré de la bienveillance de ton Prince; belle Sylvia, ſouffrez que des Fêtes qui vous ſont preparées annoncent ma joie à des ſujets dont vous allez être la Souveraine.

ARLEQUIN.

A preſent je me moque du tour que notre amitié nous a joué; patience, tantôt nous lui en jouerons d'un autre.

FIN.

APPROBATION.

J'Ai lû par l'ordre de Monseigneur le Garde des Sceaux *La double inconstance*, *Comedie*, & j'ai crû que le public en verroit l'impression avec le même plaisir qu'il en a vû les representations. Fait à Paris ce premier Mai 1724. DANCHET.

PRIVILEGE DU ROI.

LOUIS par la grace de Dieu Roi de France & de Navarre : A nos amez & feaux Conseillers les Gens tenans nos Cours de Parlement, Maîtres des Requêtes ordinaires de notre Hôtel, Grand Conseil, Prevôt de Paris, Baillifs, Sénéchaux, leurs Lieutenans Civils, & autres leurs Justiciers qu'il appartiendra, Salut. Notre bien-amé François Flahault, Libraire à Paris, Nous ayant fait remontrer qu'il lui auroit été mis és mains un manuscrit qui a pour titre, *La double Inconstance*, *Comedie*, qu'il souhaiteroit faire imprimer & donner au public, s'il Nous plaisoit lui accorder nos Lettres de Privilege sur ce necessaires. A ces causes, voulant traiter favorablement ledit Exposant, Nous lui avons permis & permettons par ces Presentes de faire imprimer ledit livre en tels volumes, forme, marge & caractere, conjointement ou separément, & autant de fois que bon lui semblera, & de le vendre, faire vendre & debiter par tout notre Royaume pendant le temps de six années consecutives, à compter du jour de la datte des Presentes. Faisons défenses à toutes personnes, de quelque qualité & condition qu'elles soient, d'en introduire d'impression étrangere dans aucun lieu de notre obeïssance, comme aussi à tous Libraires, Imprimeurs

& autres d'imprimer & faire imprimer, vendre, faire vendre, debiter ni contrefaire ledit livre en tout ni en partie, ni d'en faire aucuns extraits, sous quelque pretexte que ce soit, d'augmentation, correction, changement de titre ou autrement, sans la permission expresse ou par écrit dudit Exposant ou de ceux qui auront droit de lui, à peine de confiscation des exemplaires contrefaits, de quinze cent liv. d'amende contre chacun des contrevenans, dont un tiers à Nous, un tiers à l'Hotel-Dieu de Paris, l'autre tiers audit Exposant, & de tous dépens, dommages & interêts; à la charge que ces Presentes seront enregistrées tout au long sur le Regître de la Communauté des Libraires & Imprimeurs de Paris, & ce dans trois mois de la datte d'icelles; que l'impression dudit livre sera faite dans notre Royaume, & non ailleurs, en bon papier & en beaux caracteres, conformément aux Reglemens de la Librairie; & qu'avant de l'exposer en vente, le manuscrit ou imprimé qui aura servi de copie à l'impression dudit livre, sera remis dans le même état où l'Approbation y aura été donnée, és mains de notre trés-cher & feal Chevalier & Garde des Sceaux de France le Sieur Fleuriau d'Armenonville, Commandeur de nos Ordres; & qu'il en sera ensuite remis deux exemplaires dans notre Bibliotecque publique, un dans celle de notre Château du Louvre, & un dans celle de notre trés-cher & feal Chevalier Garde des Sceaux le Sieur Fleuriau d'Armenonville, Commandeur de nos Ordres: le tout à peine de nullité des Presentes, du contenu desquelles vous mandons & enjoignons de faire jouir ledit Exposant ou ses ayans cause pleinement & paisiblement, sans souffrir qu'il leur soit fait aucun trouble & empêchement. Voulons que la copie desdites Presentes, qui sera imprimée tout au long au commencement ou à la fin dudit livre, soit tenue pour duement signifiée, & qu'aux copies collationnées par l'un de nos amez & feaux Conseillers & Secretaires foi soit ajoutée comme à l'original. Commandons au premier notre Huissier ou Sergent de faire pour l'execution d'icelles tous actes requis & necessaires, sans demander autre permission, nonobstant Clameur de Haro, Charte Normande & Lettres à ce contraires; Car tel est notre plaisir. Donné à Paris le trentiéme jour du mois de Juin l'an de grace mil sept cent vingt-quatre, & de notre Regne le neuviéme. Signé, Par le Roi en son Conseil, CARPOT, & scellé du grand Sceau de Cire jaune.

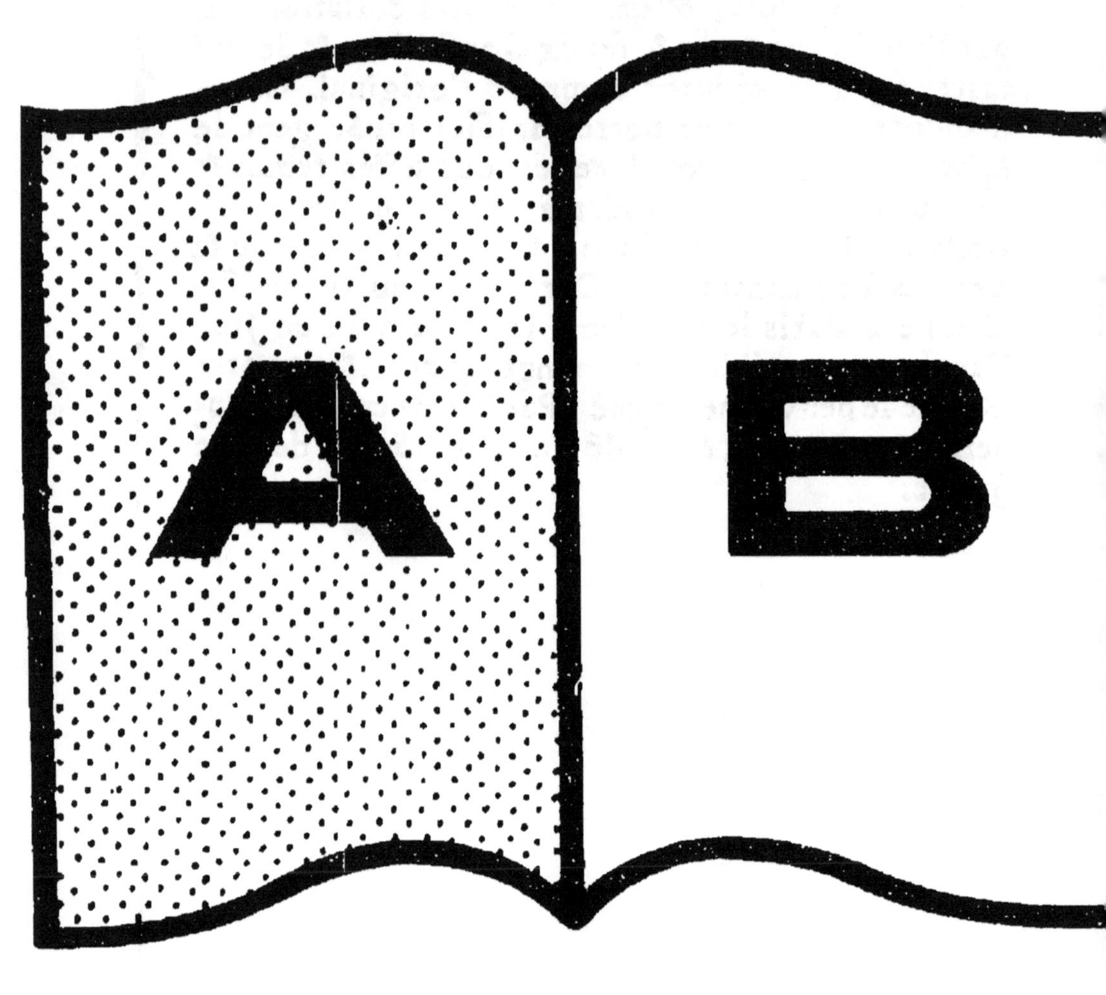

Contraste insuffisant

NF Z 43-120-14

www.ingramcontent.com/pod-product-compliance
Lightning Source LLC
Chambersburg PA
CBHW051721090426
42738CB00010B/2025

* 9 7 8 2 0 1 2 5 6 0 0 2 4 *